AF280175

Wie Sie gewinnen ohne dass jemand verliert

Der etwas andere Umgang mit Menschen

Reyk-Peter Klett

Druck und Bindung:
Books on Demand GmbH, Norderstedt
Printed in Germany

ISBN: 3-8311-2565-1

Der Mensch ist ein Teil des Ganzen, das wir „Universum" nennen, ein in Raum und Zeit begrenzter Teil. Er erfährt sich selbst, seine Gedanken und Gefühle als getrennt von allem anderen – eine Art optische Täuschung des Bewusstseins. Diese Täuschung ist wie ein Gefängnis für uns, das uns auf unsere eigenen Vorlieben und auf die Zuneigung zu wenigen uns Nahestehenden beschränkt. Unser Ziel muss es sein, uns aus diesem Gefängnis zu befreien, indem wir den Horizont unseres Mitgefühls erweitern, bis er alle lebenden Wesen und die gesamte Natur in all ihrer Schönheit umfasst.

Albert Einstein

Danke

Ich danke all jenen, die mir geholfen haben, wichtige Erfahrungen zu sammeln, lebenswichtige Erfahrungen, positive wie auch unangenehme. Aus heutiger Sicht sind sie alle von gleich großem Wert. Sie sind eine wesentliche Grundlage dieses Buches.

Ich schrieb über das Thema in tiefer Dankbarkeit an meine wichtigsten Lehrer: Paul Watzlawick und Vera F. Birkenbihl. Ihr habt mein Leben und meine Arbeit außerordentlich bereichert und findet Euch in vielen Zeilen wieder.

Besonderer Dank gilt den Teilnehmern meiner Seminare, Trainings und Vorträge. Durch Eure Anregungen, Fragen und kritischen Bemerkungen ist das Buch zu dem geworden, was Ihr gerade vor Euch habt.

Ich danke den Klienten, die ich beraten durfte. Die Tiefe unserer Gespräche hat mich sehr beeindruckt. Auch ich konnte sehr viel lernen.

Ein großes Dankeschön gilt meiner Familie, Ihr haltet mich gelegentlich von meiner Arbeit ab und ermöglicht mir so, das Leben im Hier und Jetzt kräftig einzuatmen. Ich liebe Euch dafür.

Inhalt

Der Anfang 7
Ein wichtiger Gedanke 14

Teil 1: Die Voraussetzungen
Warum es oft genug nicht gelingt

1.1. Wie wir wahrnehmen und denken 20
1.2. Wozu haben wir Vorurteile? 25
1.3. Einer unserer Abwehrmechanismen: die Projektion 29
1.4. Wie lernen wir, wahrzunehmen? 34

2.1. Was Worte alles (anrichten) können 37
2.2. Sprache erschafft Wirklichkeit 40

3.1. Wie wir miteinander reden 42
3.2. Beziehungsweise(n) 44
3.3. Offenes Denken und geschlossenes Meinen 51
3.4. Wir verstehen uns (nicht) 53

Teil 2: Die Möglichkeiten
Formen des Gelingens

4.1. Wie wir Konflikte betrachten 58
4.2. Die Rolle des Verstandes 62
4.3. Beziehungsfördernde Formulierungen im Konflikt 65
4.4. Eine wichtige Fähigkeit - Zuhören 70

5.1. Wie wir überzeugen 80
5.2. Wenn mit Widerstand zu rechnen ist 84
5.3. Die Kraft des Schwächeren 87
5.4. Beispiele für kreative Kommunikation 90

Teil 3: Die Anwendungen ...
Schlussfolgerungen und Checklisten

6.1. Schlussfolgerungen für Ihre Gesprächs-und
Verhandlungsführung..104
6.2. Schlussfolgerungen für den sicheren Umgang mit Ihren
Kunden...109
6.3. Schlussfolgerungen für die zeitgemäße Führung von
Mitarbeitern..116

Stichwortverzeichnis...125
Verzeichnis der Storys...127
Literaturverzeichnis...128

Der Anfang

Dieses Buch entstand auf dem Hintergrund meiner Seminare. Die Themen variieren, der Grundtenor klingt immer wieder gleich: Wie gehe ich mit Menschen so um, dass ich sie trotz anderer Meinungen und Ansichten für meine Ziele gewinne oder sogar begeistere? Wie stelle ich eine Überschneidung unserer Ziele her? Wie überzeuge ich, ohne zu überreden? Wie gewinne ich, ohne dass gleichzeitig jemand verlieren muss?

Wir haben gemeinsam gute Arbeit geleistet und sind dabei immer wieder auf grundlegende Zusammenhänge zwischen dem eigenen Vorgehen und der Reaktion unseres Gesprächs- oder Verhandlungspartners gestoßen. Schließlich fühlte ich mich veranlasst, wesentliche Einsichten, Erfahrungen, Vorgehensweisen und Denkanstöße zusammenzufassen. Die vielen Beiträge und Einwände der Seminarteilnehmer halfen mit, das Konzept zu dem vorliegenden Buch ständig zu überprüfen. Aus dieser Synthese schrieb ich die Fragen und Antworten nieder, die sich beim Schreiben selbst wieder veränderten.

Dieses Buch erhebt keinen Anspruch auf Wissenschaftlichkeit. Auch wenn das Studium der Psychologie für meine Arbeit eine wichtige Grundlage liefert - hier geht es um Menschen: Leute wie du und ich, mit ihren Fähigkeiten und Schwächen, ihren Fehlern und Stärken. Vielleicht ist ein Teil des Buches auch eine Art Beipackzettel, da von uns Menschen nicht nur (bewusste, gezielte) Wirkungen, sondern eben auch (oft unbemerkte) Nebenwirkungen ausgehen.

Bei vielen Menschen wächst zunehmend die Erkenntnis, dass wir unsere eigenen Lebensgrundlagen systematisch zerstören. Jedoch begreifen nur wenige, dass die Vernichtung äußerer Natur Konsequenzen für die innere Natur des Menschen mit sich bringt, deren Ausmaß wir heute noch dramatisch unterschätzen. „Wir scheinen unfähig, die Welt, andere Menschen oder uns selbst zu verändern. Viele von uns ... haben gespürt, wie nutzlos all unsere Versuche, uns von Frustration, Konflikt, Schmerz und

Krankheit zu befreien, waren, solange wir immer noch an unseren alten Systemen der Überzeugung festhielten. Heute breitet sich die Suche nach einem besseren Weg durchs Leben immer rascher aus und führt zu einer neuen Wahrnehmung und einem Bewusstseinswandel." *(Aus: Lieben heißt die Angst verlieren von GERALD G. JAMPOLSKY © Copyright 1994/2001 by Oesch Verlag, Zürich)*

Das Interesse der Menschen am sicheren Umgang mit sich selbst und anderen Menschen ist ungebrochen hoch. Das liegt zum einen daran, dass wir uns heute immer bewusster entwickeln und zum anderen an den Herausforderungen der modernen Informationsgesellschaft. Die Erforschung der Zukunft geht nach innen.

Dieses Buch geht auf das ständig wachsende Interesse ein und gibt Antworten auf sehr wichtige Kernfragen im Leben: Wie gewinne ich andere Menschen für mich? Wie können sie mir hilfreich sein, ohne „moti-puliert" zu werden? Wie verändere ich menschliches Verhalten? Wie entwickle ich Kooperation statt Frustration? Es scheint, als hätten wir ein wenig unserer so wichtigen Gruppenintelligenz eingebüßt.

Wir sind auf dem Weg zum Glück oder Erfolg permanent auf die Zusammenarbeit mit anderen Menschen angewiesen. Was wir im Leben erreichen, bedarf oft genug der Hilfe unserer Mitmenschen, ob es sich nun um Mitarbeiter, Vorgesetzte, Freunde, Nachbarn oder Partner handelt. Der motivierende Umgang mit uns selbst und unseren Mitmenschen erweist sich zunehmend als evolutionärer Vorteil.

Das vorliegende Buch verbindet wesentliche Einsichten menschlichen Verhaltens mit praktischen Beispielen aus dem täglichen Leben. Sämtliche Zusammenhänge werden in Form von Geschichten, Metaphern oder Witzen vertieft und damit für Sie leicht nachvollziehbar. Hier geht es um den Zusammenhang zwischen Sprache und (unserer) Wirklichkeit, das Anzapfen kreativer Potentiale im Umgang mit Menschen und natürlich auch um die Entwicklung der eigenen Persönlichkeit.

Wenn wir beginnen, uns mit kommunikativen Prozessen zu beschäftigen, leben wir bewusster und übernehmen deutlich mehr Verantwortung. Diese Verantwortung reicht bis zu den persönlichen Vorstellungen, die wir uns von der Lebenswirklichkeit machen. Entwickeln wir wieder Freude und Engagement in der Gestaltung unserer menschlichen Beziehungen. Wir können einen angemessenen und kreativen Umgang mit anderen Menschen jederzeit entwickeln, wenn wir die Mechanismen, die uns davon abhalten, durchbrechen und überwinden.

Kommen wir zum Thema

Wir wurden in Schulen und in Erziehung größtenteils im Rechnen, Schreiben, Lesen geschult, jedoch hat man uns nicht beigebracht, wie wir Probleme effizient meistern, Konflikte positiv lösen oder mit unseren Gefühlen sinnvoll umgehen, ... All die „Grundrechenarten" sind inzwischen fast vollständig in Computern gelandet. Bleibt die Frage: Was wird aus uns Menschen? Wie sind wir vorbereitet auf eine Zeit, die so grundlegende gesellschaftliche und persönliche Veränderungen mit sich bringt? Die Konflikte sind nicht nur mehr geworden, sie haben sich auch in ihrer Art verändert. Selbst wenn wir mit modernsten Produkten und Lösungen regelrecht überschwemmt werden, macht dies unser Leben nicht gleichzeitig glücklicher und erfüllter.

Eine recht einfache Antwort darauf heißt: Umdenken. Dieses Wort hören wir aus allen Richtungen und es läuft Gefahr, zur Phrase zu verkommen. Jedoch genau das ist das Thema: Wenn wir nur ein wenig mehr darüber wüssten, wie menschliches Denken funktioniert, stünden wir vor genialen Möglichkeiten persönlichen wie gemeinschaftlichen Wachstums. Wie sagte schon KONFUZIUS: „Der Weg hinaus ist durch die Tür. Wie kommt es, dass niemand diesen Ausgang benutzt?"

Und was heißt das?

Wir wissen, dass wir nur einen sehr geringen Teil unserer geistigen Möglichkeiten voll ausschöpfen. Vielleicht wäre 1% mehr schon eine gute Lösung? Was ich Ihnen vorschlagen möchte, ist eine *andere Art*, zu denken. Die Probleme werden nicht weniger – wir müssen unsere Art, Probleme zu lösen, kritisch in Frage stellen. Irgendetwas stimmt nicht mit uns: Wir lösen komplexe Probleme immer noch mit linearem Denken. Das kann auf Dauer nicht funktionieren.

Nehmen wir das folgende Beispiel: Wenn Sie einen Ball treten, können Sie ungefähr vorhersagen, was mit ihm passieren wird. Treten Sie einen Hund, können Sie die Wirkungen auf ihn nicht mehr so einfach „berechnen". Menschen, Gruppen, Unternehmen (und Hunde) sind komplexe Systeme, die nicht einfach kalkulierbar, vorhersagbar und planbar sind. Sie sind demzufolge auch nicht mit reduzierten Ursache-Wirkungs-Ketten zu erklären und nicht linear zu steuern.

Ich möchte Sie ermuntern, sich vom mechanistischen Weltbild der letzten 300 Jahre zu verabschieden. Wir brauchen nicht neue Antworten auf alte Fragen, sondern andere, neue Fragen. Wir sollten unsere liebgewonnenen Selbstverständlichkeiten einmal unter die Lupe nehmen, dann merken wir schnell, dass die Grenzen unseres Denkens auch die Grenzen unserer Welt sind. Wie hat ALEXANDER VON HUMBOLDT schon sehr treffend bemerkt: „Kühner, als das Unbekannte zu erforschen, kann es sein, das Bekannte zu bezweifeln". Und genau dazu möchte ich Sie einladen.

Was uns logisch erscheint

Wir glauben oft, Menschen „funktionieren" logisch. Die Entscheidungen, die wir treffen, stehen sicher auf rational nachvollziehbaren Säulen. Schön wär's. Der gesunde Menschenverstand hat es in der Geschichte der Menschheit weit gebracht, aber er hat auch genug Mist fabriziert. Die Bauweise des menschlichen Verstandes ist hochinteressant. Ich habe diesem Thema ein ganzes Kapitel gewidmet, so können Sie Ihre eigenen Beobachtungen und Entscheidungen gut nachvollziehen bzw. vergleichen.

Unser Verstand hat eingebaute „Haken", die in der folgenden Geschichte beispielhaft dargestellt werden sollen, denn Logik und Wirklichkeit müssen sich nicht zwangsläufig „vertragen":

„Ein Professor der Mathematik fliegt nachts in einem vierstrahligen Jet über den Atlantik. Er ist auf dem Weg zu einem wichtigen Kongress und denkt deshalb über seinen Vortrag nach, den er zur Eröffnung halten soll. Mit einem Ohr hört er beim Denken eine Durchsage des Kapitäns: „Es tut mir leid, Ihnen mitteilen zu müssen, dass unser Triebwerk 2 soeben ausgefallen ist. Wir werden uns um ca. 15 Minuten verspäten."
Der Professor denkt seine Gedanken weiter. Nach kurzer Zeit hört er wieder den Kapitän: „Es tut mir leid, eben ist auch unser Triebwerk Nr. 4 ausgefallen. Wir werden uns um etwa eine Stunde verspäten".
Der Professor denkt weiter seine Gedanken. Kurz danach wieder der Kapitän: „Es tut mir leid, wir werden uns erheblich verspäten, eben ist auch unser Triebwerk Nr. 1 ausgefallen". Da wendet sich der Professor an seinen Nachbarn und sagt: „Wahnsinn! Wenn Nr. 3 auch noch ausfällt, werden wir die ganze Nacht hier oben bleiben!" *(aus: Über die Welt und über Gott von Dr. HENNING VON DER OSTEN, Clausen & Bosse GmbH 1997)*

Oder wie ist es mit dem folgenden Dialog?

Bäuerin:	Die Veronika bekommt ein Kind.
Bauer:	Das ist ihre Sache.
Bäuerin:	Sie sagt, es ist von dir.
Bauer:	Das ist meine Sache.
Bäuerin:	Und was soll ich nun machen?
Bauer:	Das ist *DEINE* Sache.

Sollten Ihnen diese Beispiele komisch vorkommen, sind Sie in guter Gesellschaft, denn auf die meisten Menschen wirken sie etwas befremdlich. Tatsächlich scheint die pure Logik unsere

Erfahrungen manchmal in Frage zu stellen. Übertragen Sie diese Sichtweise bitte einmal auf alltägliche Probleme:

Der achtjährige Sohn räumt sein Zimmer nicht auf, die Mutter fordert ihn mehrfach dazu auf, schließlich wird sie deutlicher, woraufhin sich noch immer nichts ändert. Die Mutter wird sicher gelernt haben, dass sie es nur oft genug sagen muss, damit sich ihre Forderung erfüllt. Sollte dies nicht funktionieren, so verstärkt sie ihre Energie. Stimmt das?

Ein Mitarbeiter ist trotz mehrmaliger Aufforderung durch seinen Chef unfähig, pünktlich zur Arbeit zu erscheinen. Der Vorgesetzte wird zunehmend sauer und kanzelt ihn ab. Nach der „Kritik" aus der Chefetage wird sich das Problem auflösen. Tatsächlich?

Ein Kunde reklamiert ein gekauftes Produkt bei einem Unternehmen. Dort wird ihm deutlich gemacht, dass er wohl nicht zugehört habe, als die Verkäuferin ihm die Bedienung eindeutig erklärt hat. Ist der Kunde daraufhin zufrieden und kauft dort wieder?

Wir wissen bei einem Überzeugungsversuch nicht weiter, werden entschiedener, lauter, deutlicher oder sogar verletzend. Wird der andere nun seine Widerstände einpacken und uns hochkonzentriert zuhören? Wird sich unser Gegenüber in dieser Situation von seiner bisherigen Meinung freiwillig trennen, um uns zuzustimmen?

Es ist schon nicht einfach. Lassen Sie es mich mit JOSEF RATTNER sagen: „Man darf sarkastisch feststellen, dass der Mensch inzwischen die Distanz zum Mond überwunden hat, aber immer noch daran scheitert, zu seinen Mitmenschen zu gelangen" *(aus: JOSEF RATTNER: Der schwierige Mitmensch, Fischer-Taschenbuch-Verlag, Frankfurt am Main 1990)* Beobachten Sie bitte einmal (teilweise hochkarätig besetzte) Talkshows. Hier wird oft sehr professionell über Inhalte gesprochen, beobachten Sie jedoch auch die *Art* der Auseinandersetzung und beurteilen Sie anschließend das Ergebnis: Gab es wirklich Punkte einer Einigung? War die Diskussion der Sache dienlich oder haben Selbstdarstellung und Polemik gegenüber sachlichen Interessen überwogen? War jemand bereit, dem anderen zuzuhören und darauf einzugehen? Wurde auf die Einwürfe *ein*gegangen oder wurden sie *über*gangen? Vielleicht war es eher ein Lehrstück in Kampf-Rhetorik?

Wir leben in einer Zeit, in der ein neues Paradigma des Verständnisses unserer Welt seine Geburt erlebt. Ein kritisches Beleuchten bisher sicher geglaubter Selbstverständlichkeiten setzt sich zunehmend durch. Veränderungen sind nie widerstandslos verlaufen. Lassen Sie sich ein auf eine Entdeckungsreise. Nennen wir sie: „Das faszinierende Abenteuer MENSCH". Lernen Sie sich besser kennen und andere Menschen besser verstehen. Es lohnt sich für alle Beteiligten.

Ein wichtiger Gedanke

Die hier beschriebenen Mechanismen treffen natürlich nicht ständig und für jede Person in gleicher Weise zu. Es handelt sich vielmehr um Tendenzen unserer Wahrnehmung bzw. um bevorzugte „Interaktions-Muster". Diese lernen wir im Laufe unseres Lebens zu großen Teilen unbewusst, jedoch haben sie mit uns selbst eine ganze Menge zu tun, sind es schließlich gelernte Muster.

Die Tiefe beteiligter Emotionen entscheidet maßgeblich darüber, ob und wie eine Lebenssituation für uns persönlich einen „Lernwert" beinhaltet oder nicht. Wir werden auf verschiedenste Weise geprägt und wissen selten bewusst um die „Wahl" unserer eigenen Worte, Verhaltensweisen und Reaktionen. Dieser Mechanismus ist auch beteiligt an der Entstehung und Vertiefung sogenannter wunder Punkte. Wir sind an ganz bestimmten Stellen weniger verletzlich, an anderen deutlich mehr. Sie überhören so manche Aussagen anderer Menschen, bei bestimmten Äußerungen gehen Sie jedoch „sofort in die Luft". Sie mögen einige Verhaltensweisen gar nicht, andere fallen Ihnen nicht einmal auf.

> Manche Typen könnten Sie glatt auf den Mond schießen, aber eben nur manche.

Wenn Sie sich darüber mit anderen Menschen unterhalten, ist es sehr wahrscheinlich, dass diese andere Bewertungsmechanismen anlegen als Sie. Diese Menschen haben deswegen kein Problem damit, weil kein wunder Punkt daraus geworden ist, bei Ihnen selbst schon.

Sie müssen die wunden Punkte anderer Menschen nicht unbedingt nachvollziehen können, es reicht ein grundlegendes Akzeptieren, dass es so ist. Ihre wunden Punkte kann ebenfalls nicht jeder verstehen, muss ja auch niemand, oder?

Nicht alles an anderen Menschen wird Sie vergleichbar „aufregen". Sie machen gewaltige Unterschiede. Alles, was Sie auch nur annähernd an eine Situation erinnert, in der Sie z.B. in Ihrer Vergangenheit einmal leiden mussten, wird ohne Ihr bewusstes Zutun schnell in die gleiche „Schublade einsortiert". Dieser Bereich kann für Sie das Etikett tragen: „potentielle Gefahr". Hier reagieren Sie entsprechend anders als in einer Situation, die Sie noch nie gestört hat.

Was also die Alarmglocken klingeln lässt, ist nicht die Situation schlechthin, sondern unsere gelernte Bewertung dieser Situation, unser sofortiges Einteilen in gut und böse, in richtig und falsch.

Aber so sehr ich auch diese Polarisierungen in Frage stelle, sie helfen uns schließlich zu überleben, indem wir gefährliche Reize sofort erkennen und entsprechend mit Abwehr oder Flucht darauf reagieren können.

Bezogen auf unser Thema heißt dies, dass Sie Worte, die Sie in Ihren Gesprächen hören, sofort mit Ihrem eigenen gelernten Inhalt besetzen, womit manche davon zu Reizworten werden. Einige Einstellungen anderer Menschen „müssen" Sie ablehnen. Besondere Verhaltensweisen „finden" Sie einfach „unmöglich". Und genau für diese (eher schwierigen) Situationen werden im vorliegenden Buch Lösungen entwickelt.
Es soll nicht der Eindruck entstehen, dass wir prinzipiell ablehnend auf unsere Mitmenschen reagieren oder dass Zuhören so ein großes Problem sei. Nur das nicht!
Die Schwierigkeiten haben wir natürlich nur in ganz bestimmten Situationen oder mit ganz bestimmten Menschen oder an ganz bestimmten Orten oder zu ganz bestimmten Zeiten. Da hämmern eben jene Mechanismen dazwischen, die uns das Leben gelegentlich schwer machen können. Da gelingt eine saubere Gesprächsführung laut Lehrbuch nicht mehr so einfach, stimmt's? Für solche „Ärgernisse" ist dieses Buch ein sinnvoller Ratgeber.

> Je besser Sie sich selbst kennen
> mit all Ihren Stärken UND Schwächen,
> so sicherer wird die Einschätzung
> Ihrer Mitmenschen gelingen.

Ein einfaches Beispiel: Unser Selbstwertgefühl

Wollen Sie in einem Streit unbedingt der „Gewinner" sein? Dann ist Ihr Selbstwertgefühl wahrscheinlich mit im Spiel. Sie müssen Recht behalten oder, das wäre das andere Extrem, Sie geben Ihren Gesprächspartnern im Konflikt ständig Recht, ohne sich mit ihnen zu streiten. Auch das macht Sie klein und nicht groß.

> Je weniger Sie sich selbst achten können,
> um so mehr sind Sie auf die Achtung Ihrer Person
> durch andere Menschen angewiesen.

Andere Meinungen werden Sie verunsichern, weil Sie in einer „auslösenden" Situation im Leben vielleicht einmal das Gefühl gelernt haben, nicht allzu viel bewirken zu können. Nehmen wir an, dieses Gefühl innerer Hilflosigkeit hätte sich öfter eingestellt. Also machen Sie sich in der heutigen Situation am besten gar nicht erst die Mühe, obwohl vielleicht eine reale Chance bestehen würde, dass man auf Ihre Wünsche eingeht. Nun wissen Sie das aber nicht, weil es in Ihrem Leben schon immer so war. Sie kennen es ja nicht anders und meinen, Ihre persönliche Reaktion habe mit den arroganten Leuten zu tun, die Ihnen begegnen.

Aus der Sicht Ihrer Gesprächspartner wirken jedoch *Sie* arrogant und abweisend, weil sie an den Sichtweisen, Meinungen oder Standpunkten jener Leute nur sehr selten interessiert sind. Sie merken nicht, wie Sie sich regelmäßig „über" andere Menschen stellen und diese be- oder verurteilen. Sie verringern praktisch die eigene Unsicherheit durch die Ablehnung derer, die „den Auslöser drücken".

Solange Ihnen dieser Ablauf unbewusst ist, läuft immer wieder der gleiche Film in Ihrem Kopf ab. Wenn sich solche Situationen in Ihrem Leben häufen, dann werden Sie bitte aufmerksam, denn genau an dieser Stelle haben wir es mit einem dieser wunden Punkte zu tun. Ohne Ihr bewusstes Zutun geben Sie nun sich und Ihren Gesprächspartnern eine regelrechte Einladung zu Missverständnissen, Beziehungsstörungen, Nichtverstehen oder Nichtakzeptanz. Und wer trägt die Schuld? Leider oft genug die anderen und nicht wir selbst, aber - ist hier die Frage nach der Schuld überhaupt angebracht?

Eine technische Anmerkung: Oft finden Sie die Formulierung „er", „der Gesprächspartner", „der Mitmensch". Alle Aussagen treffen sowohl auf Männer als auch auf Frauen zu, gemeint ist DER Mensch. Liebe Leserinnen, bitte fühlen Sie sich vollständig einbezogen und angesprochen. Danke, so war es für mich leichter, mich auf Inhalte zu konzentrieren.

Teil 1
Die Voraussetzungen

Warum es oft genug nicht gelingt

1.1. Wie wir wahrnehmen und denken

Das Glück deines Lebens
hängt von der Beschaffenheit
deiner Gedanken ab.

Marc Aurel

Wir Menschen glauben nur zu gern, wir nehmen die Welt wahr wie sie ist. Das erweckt den Eindruck, es handele sich dabei um einen Abbildungs-Prozess. Wir brauchen nur aufzupassen und zuzuhören, dann würden wir genau wissen, was unser Gesprächspartner meint. Das würde gut erklären, warum es so viele Weltverbesserer gibt, die meinen, wir könnten die Welt zunächst sicher erkennen und dann mit derselben Sicherheit verändern. Diese Vorstellung soll hier genauer überprüft werden. Sie entspringt der künstlichen Trennung in Subjekt und Objekt der Wahrnehmung. Das bedeutet, wir haben auf der einen Seite den Wahrnehmenden, auf der anderen das Wahrgenommene – und beide haben miteinander keine Überlagerung, existieren praktisch unabhängig voneinander. Tatsächlich, dann würden wir die Welt sehen, wie sie ist. Doch leider bleibt bei dieser Sichtweise eine wichtige Tatsache unberücksichtigt:

> Wahrnehmung ist ein aktiver Prozess, an dem wir deutlich mehr beteiligt sind, als wir glauben. Das heißt, die Art, *wie* wir wahrnehmen, hat entscheidenden Einfluß darauf, *was* wir wahrnehmen. Innerhalb der Beobachtung *verändern* wir das Beobachtete. Wir haben Einfluß darauf, wie uns die objektiv geglaubte Realität erscheint.

Das Wahrgenommene wird, noch bevor wir es bewusst registrieren, starken internen Veränderungen unterzogen.
Nehmen wir als Beispiel einen Lehrer. Dieser Lehrer kann einen seiner Schüler an den unsympathischen Nachbarn erinnern,

jedoch eine Mitschülerin in Verzückung versetzen. Glauben Sie, dass unsere beiden Schüler mit vergleichbarer Hingabe den Worten des Lehrers folgen? Beide sitzen zwar in derselben Unterrichtsstunde, aber glauben Sie, dass beide das besprochene Thema in gleicher Weise aufnehmen und behalten werden (wenn es überhaupt um das Thema geht)?

Wenn mich innerhalb der Naturwissenschaften eine Tatsache sehr bewegt hat, so ist es die Erforschung des Atoms in der Quantenphysik. Man kann es mit verschiedenen Möglichkeiten suchen und wird es als verschiedene Möglichkeiten finden. Das Atom, was dem Forscher einmal als Teilchen erscheint, begegnet ihm in einem anderen Experiment als Welle. Einmal finden wir also den Untersuchungsgegenstand als Materie und zum anderen als Energie. Ist das nicht spannend? Je nachdem, *wie* wir hinschauen, haben wir verschiedene Ergebnisse und kommen zu unterschiedlichen Schlussfolgerungen über die Eigenschaften des Atoms. Einstein, der unser gesamtes Weltbild revolutionierte, sagte sogar: „Die Theorie bestimmt, was wir beobachten können."

Haben wir doch bisher angenommen, dass aus unserer Beobachtung Theorien entstehen? Das Gegenteil ist der Fall: Unsere Annahmen, unser Vorwissen über eine Situation, unser Denken und die damit verbundenen Einstellungen bestimmen maßgeblich, was uns in welcher Weise „begegnen" wird. Unsere Wirklichkeit ist immer abhängig von der Perspektive, aus der wir die Dinge betrachten: Was für die Raupe das Ende der Welt ist, ist für den Schmetterling bekanntlich erst der Anfang.

Was nennen wir zufällig?

„Nehmen wir an, wir haben eine Vorrichtung zur Herstellung von Zufallsreihen, einen sogenannten Randomisator, der beliebig lange Folgen der zehn Ziffern unseres Zahlensystems herstellt, und nehmen wir ferner an, dass wir irgendwo in einer langen, scheinbar ungeordneten Zahlenreihe plötzlich auf die Folge 0123456789 stoßen. Unser erster Eindruck wird der sein, dass hier der

---

Randomisator irgendwie versagte, da diese Folge "offensichtlich" hundertprozentig geordnet und deshalb nicht zufällig ist ...

Die Reihe 0123456789 ist genauso geordnet oder zufällig wie jede andere Kombination der Ziffern unseres Dezimalsystems; lediglich unsere willkürliche Entscheidung darüber, was als Ordnung (beziehungsweise als Unordnung) zu gelten habe, lässt sie uns voll geordnet erscheinen - nur ist uns dies nicht notwendigerweise bewusst, und wir glauben, es mit einer Eigenschaft der objektiven Wirklichkeit zu tun zu haben.

Das Wesen der Zufälligkeit, schreibt George Spencer Brown in seinem Buch über die Wahrscheinlichkeit, wurde bisher im Fehlen von Ordnung gesehen. Worüber man sich aber nicht Rechenschaft ablegte, ist, dass die Abwesenheit einer bestimmten Ordnung das Auftreten einer anderen Form von Ordnung logisch bedingt. Es ist ein mathematischer Widerspruch, zu sagen, dass eine Folge keine Ordnung hat; wir können höchstens sagen, dass sie keine all jener Gesetzmäßigkeiten aufweist, nach denen man suchen könnte. Der Begriff der Zufälligkeit hat nur in Beziehung zum Beobachter Sinn; wann immer zwei Beobachter nach verschiedenen Formen der Ordnung forschen, so müssen sie darüber geteilter Meinung sein, welche Folge zufällig zu nennen ist.

Wenn wir nämlich einmal akzeptiert haben, **dass** - im Widerspruch zu tiefverwurzelten, landläufigen Ansichten - **Ordnung und Chaos nicht objektive Wahrheiten sind, sondern** wie so viele andere Wirklichkeitsaspekte **von der Perspektive des Beobachters abhängen,** so wird es uns damit möglich, die Phänomene der Kommunikation und ihre Störungen in neuem Licht zu sehen ...

Selbstverständlich war Brown nicht der erste, der auf diese Tatsache verwies; sie bleibt aber für die meisten von uns eine bittere Pille, da sie den Glauben an die Folgerichtigkeit und Ordnung unseres Weltbildes erschüttert. In einem Gespräch mit Einstein im Jahre

1926 vertrat selbst ein Genie wie Heisenberg noch die Meinung, dass nur beobachtbare Daten zur Bildung einer Theorie herangezogen werden dürften. Einstein, der früher selbst diese Ansicht vertreten hatte, war bereits über sie hinaus gegangen und soll geantwortet haben: "... es ist durchaus falsch, zu versuchen, eine Theorie nur auf beobachtbaren Größen aufzubauen. In Wirklichkeit tritt gerade das Gegenteil ein. **Die Theorie bestimmt, was wir beobachten können"**.

aus: PAUL WATZLAWICK, Wie wirklich ist die Wirklichkeit?
© Piper Verlag GmbH, München 1976

Es gibt also interne Filter, die unsere Wahrnehmung erst zu dem machen, was wir Menschen darunter verstehen. Deshalb spreche ich in diesem Zusammenhang äußerst ungern von Wahrnehmungsfehlern. So betrachtet wäre unsere *gesamte* Wahrnehmung stark fehlerhaft. Lassen Sie es uns anders betrachten: Menschliche Wahrnehmung ist sehr subjektiv und selektiert einen äußerst geringen Teil der äußeren Welt. Wir können nicht Millionen von Informationen, die jede Sekunde über die Sinne aus unserer Innen- und Außenwelt auf uns „einstürmen", gleichzeitig aufnehmen und bewusst verarbeiten. Dies tun wir, indem wir Filter entwickeln, welche die komplexen Wahrnehmungen für uns überschaubar, nachvollziehbar und plausibel machen. Das Ergebnis ist nicht eine Abbildung, sondern eine persönliche Repräsentation, eine Art Landkarte.

Verwechseln wir nicht die Landkarte mit der Landschaft.
Verwechseln wir nicht die Speisekarte mit dem Gericht.
Verwechseln wir nicht UNSERE Welt mit DER Welt.

Als Filter dienen unsere vergangenen **Erfahrungen**. Unser Gehirn selbst ist vergleichbar mit einem Speicherapparat aller bisherigen bewussten wie unbewussten Erfahrungen. Diese halten wir nur zu gern für *die* Welt. MARK TWAIN sagte einmal: „Man sollte aus einer Erfahrung nur jene Weisheit schöpfen, die darin enthalten ist. Sonst werden wir wie die Katze, die sich auf einen heißen Deckel setzte. Sie setzt sich auf keinen Deckel mehr, auch nicht auf einen kalten."

Betrachten Sie auch Ihre **Sprache** als einen solchen Filter. Worte schränken ein, Worte bereichern. Können Sie sich gut ausdrücken? Haben Sie für die Beschreibung einer Situation verschiedene Möglichkeiten? Je mehr Worte Sie zur Verfügung haben, um so differenzierter nehmen Sie wahr (und umgekehrt). Noch interessanter wird es beim Sprechen mehrerer (Fremd-) Sprachen: wörtliche Übersetzungen weichen nicht selten von kulturellen stark ab.

Bitte denken Sie an Ihre **Stimmungen**. Positive Gefühle können Lernprozesse stark erleichtern. Leider wird das in Schule und Ausbildung noch viel zu selten erkannt und genutzt. Die Tiefe Ihrer beteiligten Gefühle entscheidet maßgeblich über Ihren Lern- und Behaltenseffekt. VERA F. BIRKENBIHL hat dazu in ihren Seminaren zum gehirn-gerechten Arbeiten eine passende Frage: „Wie oft setzen Sie sich mit dem nackten Hintern in Brennnesseln hinein?"

Wie beeinflussen **Erwartungen** unsere Wahrnehmung? Die folgende Metapher soll dies bildhaft verdeutlichen: „Auf dem Hühnerhof erkrankte der Hahn so schwer, dass man nicht damit rechnen konnte, dass er am nächsten Morgen krähen werde. Die Hennen machten sich daraufhin große Sorgen und fürchteten, die Sonne werde an diesem Morgen nicht aufgehen, weil das Krähen ihres Herrn und Meisters sie nicht rufe. Die Hennen meinten nämlich, dass die Sonne nur aufgehe, **weil** der Hahn krähe. Der nächste Morgen heilte sie von ihrem Aberglauben. Zwar blieb der Hahn krank, zu heiser, um krähen zu können - doch die Sonne schien: nichts hatte ihren Gang beeinflusst."
(aus: NIKOLAUS B. ENKELMANN: Die Weisheit der Märchen als Quelle der Kraft)

Schließlich sind die **Interessen** Teil unserer Wahrnehmung: Was Sie interessiert, nehmen Sie bevorzugt, differenzierter und genauer wahr. So können Sie sich heute vielleicht in ein Thema vertiefen, das Sie vor Jahren noch mit drei Sätzen erschöpft geglaubt haben. Als meine Frau und ich das erste Kind erwarteten und ihr Bauchumfang sichtbar zunahm, vermehrte sich bei mir das Gefühl, viele andere Paare haben sich zu diesem Zeitpunkt ebenfalls für ein Kind entschieden. Die Straßen waren plötzlich voll schwangerer Frauen. Natürlich war nun eine Schwangerschaft für mich etwas Bedeutsames und entsprechend nahm ich schwangere Frauen interessierter wahr.

Oder nehmen Sie die **Zeit**. Schließlich kann eine Minute unterschiedlich lang sein, je nachdem, auf welcher Seite der Klotüre Sie gerade stehen. Zwei Stunden mit einer schönen Frau kommen manchem Mann vor wie zwei Minuten und zwei Minuten auf einem heißen Ofen erleben wir wie zwei Stunden. Wir wissen: Zeit kann Wunden heilen. Ein und dasselbe Ereignis wird mit zunehmendem zeitlichen Abstand „uminterpretiert". Vielleicht schreiben wir auf diese Weise im Laufe unseres Lebens Teile der eigenen Biographie neu.

Wahrnehmung ist relativ; das Wahrgenommene ist immer abhängig von dem, der es wahrnimmt. Wichtige persönliche Einflussfaktoren auf unsere Wahrnehmung sind Vorurteile. Da ihr Einfluss nicht zu unterschätzen ist, sei hier genauer darauf eingegangen.

> Stellen Sie sich vor, Sie hätten eine Fussel an der Augenwimper hängen, würden dies aber selbst nicht wissen, weil es schon immer so war. Wie fusselig muss Ihnen im Laufe der Zeit die Welt vorkommen?

1.2. Wozu haben wir Vorurteile?

Vorurteile sind stark vereinfachte Vorstellungen, welche die Fähigkeit besitzen, ein gewisses Eigenleben zu erzeugen. Wir wissen alle, sie sind nicht „wirklich wahr", dennoch haben sie eine stabilisierende Funktion:

- Wir machen unsere komplexe Wirklichkeit überschaubar.
- Unser eigenes Selbstwertgefühl wird aufrechterhalten.
- Unsicherheit und Angst wehren wir ab.
- Wir können Frustration und Aggression kanalisieren.
- Auf diese Weise halten wir unser Denken „stabil" im Gleichgewicht.
- Wir sehen uns bestätigt, wenn andere Menschen unsere Vorurteile teilen.

Innerhalb des menschlichen Verhaltensrepertoires hat so manches einen tieferen Sinn. So haben auch Vorurteile ihre Bedeutung: sie schützen uns, sie dienen dem Selbstschutz des ICH. Unser Verstand ist wie eine Maschine, die Recht hat und sich rechtfertigt. Wir müssen „den Motor immer ein wenig laufen lassen", damit wir gegen Angriffe auf die Stabilität unseres Weltbildes gerüstet sind. Die Wahrnehmung widersprüchlicher, unstimmiger Informationen könnte unser Weltbild erschüttern, also wird schon im Wahrnehmungsprozess selbst eine Tendenz zur Bestätigung der eigenen Annahmen eingebaut. Es handelt sich um eine dramatische Wahrnehmungseinengung mit dem Ziel, nicht ständig sein inneres Weltbild korrigieren zu müssen. Hätten wir keine Vorurteile, müssten wir uns permanent neu orientieren, das wäre purer Stress. Vorurteile sind also zudem höchst ökonomisch. Sie vereinfachen enorm, aber sie *teilen*. Sie stimmen nicht ganz, sie sind unzureichend, sie kategorisieren; dennoch sorgen sie für Sicherheit und Stabilität unserer Sicht auf die Dinge. Sie haben **wirklichkeitsschaffende** Qualität. Da Vorurteile ein wichtiger Teil des Wahrnehmungs-Prozesses sind, sollten wir uns zunächst vom Vorurteil der Vorurteilslosigkeit befreien.

Der menschliche Verstand neigt dazu, sich selbst (und das eigene Verhalten) aufzuwerten und andere Menschen (bzw. uns fremdes Verhalten) abzuwerten. Jene Gruppe von Menschen, der wir selbst *nicht* angehören, wird abgewertet zugunsten der Aufwertung unseres eigenen Denkens und Verhaltens. Das führt zu nichts anderem als Verteidigung und Rechtfertigung. Die Vorurteile erhalten sich selbst am Leben.

„Die sind eben so. Und eben deswegen, weil die so sind, *müssen* wir ja entsprechend (ablehnend) reagieren." Damit machen wir uns selbst zum Opfer, indem wir uns dem Verhalten solcher Menschen ausgeliefert fühlen; gleichzeitig jedoch auch zum Täter, indem wir überhaupt erst dafür sorgen, *dass* jene sich so verhalten. In dem Grundmechanismus sind wir uns sehr gleich, nur die Vorzeichen sind je nach Sichtweise variabel. HENNING VON DER OSTEN sagt: **„Der Verstand ist der Mörder der Wirklichkeit."** Wir nehmen nicht wirklich wahr, sondern befriedigen zu großen Teilen unsere persönlichen bisherigen Erfahrungen. Wir suchen oft Bestätigung dessen, was wir doch schon wissen. Aber woher wissen wir eigentlich, was wir zu wissen glauben?

Wenn wir uns *über* andere Menschen stellen, sie gering schätzen oder sogar missachten, dann brauchen wir uns übrigens auch nicht mit uns selbst auseinandersetzen. Wir urteilen lediglich über Leute, die denselben Mechanismus in ihrer Wahrnehmung eingebaut haben wie wir. In diesem Grundmuster sind wir uns deutlich ähnlicher als wir annehmen und unterscheiden uns in keiner Weise. **Jedoch glauben die meisten Menschen, sie seien ganz anders als die meisten Menschen.** 98 % aller in einer Untersuchung befragten Autofahrer waren z.B. der Meinung, dass ihr eigener Fahrstil in Ordnung sei. Na dann schauen Sie mal auf unsere Straßen! Glauben Sie nun an die Tendenz zur Selbstbestätigung?

Wir suchen in unserem Denken gern eigene Sichtweisen bestätigt. Sollten wir jedoch im Zusammenhang mit den beschriebenen Mechanismen das Wort „Denken" tatsächlich benutzen? Handelt es sich nicht vielmehr um ein „Meinen", um unsere Meinung, die wir im Prozess dessen, was wir Wahrnehmung nennen, gern bestätigt wissen wollen? Stellen Sie sich vor, sie öffnen eine Schublade in Ihrem Kopf und meinen etwas. Ihre Meinung wird gefärbt sein durch Ihren bisherigen Erfahrungshorizont. Wenn dieser Horizont ständig erweitert wird, dann beginnen wir tatsächlich zu denken. Wir akzeptieren bzw. integrieren, was ursprünglich nicht Teil unserer eigenen Wirklichkeit war. Wenn wir jedoch starr werden in unseren

Auffassungen, sie mit den neuen Erfahrungen nicht mehr „abgleichen", dann bleiben wir meinend. Ist Intelligenz doch auch die Fähigkeit, seine Sichtweisen regelmäßig zu überprüfen und entsprechend zu erweitern.

Wir wissen deutlich zu wenig darüber, wie viele Probleme durch „Meinen" entstehen und wie „Denken" geeignete Lösungen ermöglicht. Meinungen sind wie Gefängnisse, aus denen wir uns nur schwer befreien können. So sicher sind unsere Hochsicherheitsgefängnisse nicht, wie Meinungen oder komplexe Meinungssysteme es sind. Und bei den wenigsten Gefängnissen sieht man die Gitter. Menschen sind bereit, für ihre Meinung zu sterben, statt sie zu korrigieren, wie Kriege beweisen. Wie sagte bereits Einstein: „Es ist leichter einen Atomkern zu spalten, als ein Vorurteil." Wir sollten uns vor dem eigenen Erfahrungsgefängnis in acht nehmen: Fürchten Sie das Gefängnis, in dem Sie bereits sitzen, nicht jenes, in das Sie kommen könnten.

Hier noch ein treffendes Beispiel für die Hartnäckigkeit von Meinungen:

Ein Patient ist überzeugt, dass er bereits tot sei. Alle Überzeugungsversuche des Arztes schlugen fehl. Dabei hatte er auf die Körpertemperatur, auf die Atemfunktion und vieles andere hingewiesen. Schließlich sagt er zum Patienten: „Sagen Sie mal, bluten Leichen eigentlich?" Der Patient sagt: „Natürlich nicht." Der Arzt nimmt eine bereits vorbereitete Nadel und sticht dem Patienten in die Hand. Es beginnt zu bluten. Der Arzt: „Was sagen Sie jetzt?" Der Patient antwortet: „Ich habe mich getäuscht. Leichen bluten *doch*."

Aus: Bernhard Trenkle: Das Ha-Handbuch der Psychotherapie. Witze - ganz im Ernst. Heidelberg, Carl-Auer-Systeme Verlag, 5. Auflage 2000.

1.3. Einer unserer Abwehrmechanismen: die Projektion

Menschen schließen unbewusst von sich auf andere Menschen. Da unser Verstand *seine* Welt für *die* Welt hält, kann er dem Fehler unterliegen, anderen Menschen Verhaltensweisen und Denkmuster zu unterstellen, die mehr mit unseren eigenen Erfahrungen zu tun haben: „Was ich selber denk' und tu', trau ich anderen zu."

Was ist bloß los mit uns Menschen?

Zugegeben, die Frage klingt etwas krankheitserregend. Jedoch trifft sie des Pudels Kern: viele von uns haben das Gefühl, dass irgendetwas nicht ganz zu stimmen scheint. Was es genau ist, kann wahrscheinlich niemand exakt sagen, doch solche Sätze wie "Die müssen doch spinnen." oder "Wenn die so weiter machen ..." sind vielen von uns gut bekannt und Sie könnten die Aufzählung eventuell fortsetzen. Zu ärgern gibt es sicher genug. Ob es der unmögliche Autofahrer ist, der Ihnen kurz vor der roten Ampel noch reinschnippen muss; ob die komische Verwandte, die Ihre Kinder für viel zu laut und unerzogen hält. Die Frage lautet oft: Wann werden die anderen endlich vernünftig?
Und dabei haben sie es denen sicher zu verstehen gegeben, sie haben es ihnen (vielleicht sogar schon tausendmal) gesagt, aber "der versteht es wohl nie", "die hört mir ja gar nicht zu". Was ist bloß los mit diesen Menschen?
Die hier beschriebene Haltung hat viele Gesichter. Neulich fragte mich eine Seminarteilnehmerin mit eher gelangweilter Mine: "Warum sind die Jugendlichen heutzutage denn so gefühlsarm?" Ein Beamter mittleren Alters erzählte mir von einem ziemlich arroganten Antragsteller, „dem erst einmal klar

gemacht werden musste, wer hier das Sagen hat: Der will ja schließlich etwas von *mir*!"

Möchten Sie eine Antwort?
Wir betrachten das Verhalten anderer Menschen *getrennt* von unserem eigenen Verhalten. Jedoch erweist sich das als ein Trugschluss. Die Antwort hat mit uns selbst eine ganze Menge zu tun. Wir glauben, in den beschriebenen "Klagen" nicht vorzukommen. Immer sind es „die". Wer sind eigentlich „die"?

Achten Sie einmal auf Dinge, die Sie an anderen Menschen ablehnen. Stellen Sie sich anschließend bitte die Frage: Warum stört mich das (so sehr)? Nun die gefährlichste Frage: Was hat es mit mir zu tun? Suchen Sie also den Zusammenhang zwischen „draußen" und „drinnen"! Warum bewerten Sie dieses Verhalten oder gar den ganzen Menschen als negativ? Können Sie sich vorstellen, dass andere Leute dieses Verhalten *nicht* ablehnen würden/müssten? Was hat jenes Verhalten mit Ihrer eigenen Wahrnehmung zu tun?
Nicht selten bekämpfen wir in der *Um*welt etwas, was Teil unserer eigenen Persönlichkeit, unseres eigenen Denkens ist. „Draußen" fällt es uns deutlicher ins Auge. So ist es leichter, diesen „Dingen" zu begegnen.

> Was uns an anderen Menschen stört,
> ist oft ein Teil von uns,
> den wir übersehen wollten.

Nehmen wir als Beispiel den Fall, dass sich ein Mann gegenüber seiner Frau sehr abwertend über die Arroganz, die Überheblichkeit seines Kollegen äußert: „ ... und das kann ich überhaupt nicht verstehen." Die Frau entgegnet ihm nach zehnminütigem intensiven Zuhören im Nebensatz: „Das kannst *du* doch aber auch ganz gut."
Wäre diese Eigenschaft nicht Teil seiner eigenen Person, wobei noch unklar ist wie groß dieser Teil ist und wie bewusst, müsste sie ihn in seiner Umgebung nicht zwangsläufig auffallen oder sogar stören.

Der Mechanismus der Projektion ist sehr vielfältig. Wenn Sie sich in dieses Thema ein wenig vertiefen, wird er Ihnen bei anderen Menschen immer wieder auffallen. Bemerken Sie den Mechanismus jedoch *nur* bei anderen Menschen, dann handelt es sich sehr wahrscheinlich um eine Projektion.

Die neuen Briefkästen

Herr Bissig wohnt in einem Mehrfamilienhaus zur Miete. Das Verhältnis der Mieter untereinander scheint recht entspannt bis zu jenem Tag, an dem der Vermieter neue Briefkästen montieren lässt. Die ganze Aktion dauert nur wenige Stunden. Die alten Briefkästen weichen modernen, größeren. Was Herrn Bissig allerdings sehr verwundert ist der Umstand, dass die Monteure die alten Briefkästen im Treppenhaus stehen lassen und nicht automatisch entsorgen. Das sieht dem Vermieter ganz ähnlich. Nun stehen sie da schon ganze neun Tage und Herr Bissig *meint*, sie wurden vergessen: „Niemand kümmert sich darum. Ist das nicht ein Ärger? Wer soll denn die wegräumen? Es ist aber auch niemand (von den anderen Mietern) mal bereit, einfach die Ärmel hochzukrempeln, um diese „Dinger" zu entsorgen! Alle gehen sie daran vorbei. Wahrscheinlich bin ich der Einzige, den das stört. Die Leute haben nur noch mit sich zu tun!"

Was Herr Bissig in seiner Denkweise übersieht, ist der eigene unreflektierte Standpunkt. Was ihn bei seinen Mitbewohnern stört, ist Teil des eigenen Verhaltens. Nur fällt es ihm außerhalb der eigenen Persönlichkeit viel eher auf als bei sich selbst. Natürlich finden wir im „Draußen" ständig uns selbst mit unseren Fehlern und Stärken.

Wie viele Menschen kennen Sie, die sich meckernd über Leute aufregen, die oft meckern? Meinen Sie, dass die Leute immer egoistischer werden? Jeder denkt nur noch an sich. Außer natürlich wir selbst. Wir lehnen andere Menschen ab mit der Begründung, dass sie etwas tun, was uns selbst auch nicht fremd ist. VICTOR FRANKL sagte einmal: **„Das ICH ist sich selbst gegenüber betriebsblind"**. Das merken wir selbst nicht, da sich diese Anteile im unbewussten Schatten der eigenen Persönlichkeit befinden.

Ich kenne Eltern, die (leider vergeblich) versuchen, ihre Kinder zur Einhaltung einer bestimmten Ordnung zu bewegen. Dies wird so lange nicht gelingen, wie die Eltern nicht bemerken, dass es zwecklos ist, von ihren Kindern etwas zu verlangen, was sie selbst nicht in der Lage sind, einzuhalten. Wenn dann noch die Großmutter zum Enkel sagt: „Ach lass nur, dein Papa hat das auch nie gelernt!", haben wir den unangenehmen Beweis.

Schon seit einiger Zeit macht ein Vater seinen fünfjährigen Sohn regelmäßig darauf aufmerksam, dass er „nicht in diesem Ton" mit ihm reden solle. Der Sohn wird es nicht ändern, solange er im gereizten Ton zu hören bekommt, dass er nicht so gereizt reden soll.
Sobald wir diesen Mechanismus überblicken, können wir uns ändern. Natürlich geht es hier in erster Linie um das Verhalten des Vaters, welches er bevorzugt in seinem Sohn und *nicht* in der eigenen Person wahrnimmt. Ändern Sie *sich* und Sie werden schnell feststellen: die Welt um Sie herum ändert sich mit.

Frau Schulze beschwert sich gegenüber ihrem Mann darüber, dass er sie oft von weitem aus anderen Zimmern der Wohnung anspreche. Doch würde er es tatsächlich auch nur halb so oft tun wie sie, hätte sie sogar Recht.

Eine Mutter beschwert sich über ihre Kinder, die im Zoopark fortlaufend rufen: „Mutti, schau mal! Mutti! Mutti! Schau doch mal!" Was die Mutter bei Ihren Kindern als störend empfindet, praktiziert sie selbst im Zehn-Minuten-Takt.

Eine junge Abteilungsleiterin äußert in ihrer Einarbeitung starke Bedenken, dass sie von den zukünftigen (und zum Teil langjährigen und erfahrenen) Mitarbeitern nicht angemessen respektiert werden wird. Doch woher kommt diese starke

Besorgnis, woher kommt diese Angst? Handelt es sich vielleicht um die unbewusste Annahme, dass jene, die sie (angeblich) nicht respektieren werden, nicht intelligent genug sind, um zu erkennen, welcher Wert und welche Größe sich hinter den Fähigkeiten der neuen Abteilungsleiterin verbergen? Ist dies nicht eine Haltung, die den zukünftigen Mitarbeitern von vornherein schon wenig zutraut? Spricht sie damit nicht den anderen eine gewisse Intelligenz ab? Unterstellt diese Annahme nicht gleichzeitig auch, dass die Mitarbeiter nicht so weit denken können (wie sie selbst)? Unterstellt sie den Mitarbeitern damit nicht auch einen Teil des eigenen Denkens?

Wir kennen die Auswirkungen solcher Projektionen: jede Seite hält schließlich die andere für arrogant oder dumm. Eine Menge Konflikte wurzeln sicher in der eigenen Denkweise. Wir unterstellen anderen Menschen, dass sie schlecht oder sonstwas sind und merken dabei nicht, dass es bereits schlecht ist, so zu denken. Die eigenen Ansichten bleiben unreflektiert. Auf diese Weise ist der Dumme immer der andere, niemals wir selbst.

Eine Frage, die ich in meinen Seminaren zu diesem Aspekt gern stelle, lautet: Stellen Sie sich bitte vor, alle Menschen wären wie Sie. Alle Menschen hätten also Ihren Wissensstand, Ihre Fähigkeiten, Ihre Auffassungen usw. Welche Probleme blieben der Menschheit dann erspart? Nachdem die Seminarteilnehmer diese Frage beantwortet haben, kommt der Lernstachel: Woran würde die Menschheit kranken, wären alle Menschen wie Sie?

1.4. Wie lernen wir, wahrzunehmen?

Jeder Mensch, der mit einem Kind in Berührung kommt, ist ein Lehrer. Er erklärt dem Kind die Welt, bis zu jenem folgenschweren Augenblick, da das Kind die Welt so deuten kann, wie sie ihm erklärt wurde. Jetzt wird das Kind ein Mitglied und es erreicht die volle Mitgliedschaft, wenn es in der Lage ist, all seine Wahrnehmungen so zu deuten, dass sie mit dieser Beschreibung der Welt übereinstimmen.

Carlos Castaneda

In der Auseinandersetzung mit unserer Lebenswirklichkeit lernen wir sehr zeitig, Reize zu unterscheiden, einzuordnen und mit einem entsprechenden Verhalten zu „beantworten". Dies tun wir zum einen instinktiv, genetisch vorprogrammiert und zum anderen vermittelt. Letzteres bedeutet, dass in uns durch Eltern, Lehrer, Erzieher usw. eine Kanalisierung in bevorzugte Wahrnehmungs*muster* erfolgt. Die „Großen" weisen uns auf Gefahren hin, ersparen uns so manches unangenehmes Erlebnis, lehren uns die Welt in gut und böse zu unterteilen und dabei vermitteln sie uns gleichzeitig völlig unbewusst ihre eigene Art, wahrzunehmen. Das wird uns gratis in unserer Kindheit mitgeliefert.

Wir lernen also nicht nur, was gut von böse unterscheidet, sondern gleichzeitig, wie die Erwachsenen darauf reagieren. Wie streiten sie miteinander, was macht ihnen Angst und wie gehen sie mit dieser Unsicherheit um? Welche Möglichkeiten nutzen sie, um Freude auszudrücken, was machen sie mit ihren Aggressionen? Wie reden sie über andere Menschen? Wie nutzen sie ihre Fähigkeiten und wie erreichen sie ihre Ziele? Wie achten sie ihre Mitmenschen? Wie gehen sie mit Leuten um, die ihnen widersprechen? Wie reagieren sie, wenn sie überfordert sind? Wie gehen sie auf ihre Gesprächspartner ein?

Wie oft und wann kommunizieren sie z.B. *mit* jemandem, wann kommunizieren sie *über* jemanden?

Solche Verhaltensweisen werden von einem Kind in seiner Umwelt zunehmend bemerkt und zunächst in dem Maße als selbstverständlich erachtet, wie diesem Verhalten nichts widerspricht bzw. keine anderen Verhaltensalternativen ins Spiel kommen. Diese Wirklichkeit erscheint dem Kind als völlig normal, sicher und feststehend. Es würde nicht auf die Idee kommen, seine Lebensumstände kritisch zu beleuchten und zu hinterfragen. Noch nicht.

Mit zunehmender Entwicklung von Sprachverständnis und Sprachfähigkeit lernt das Kind, seine Bedürfnisse gegenüber der Umwelt gezielter auszudrücken, es nimmt durch die Differenzierung seiner Nervenzellen und Nervenbahnen genauer wahr. Dies tut es bewusst wie unbewusst; bewusst durch Worte und unbewusst durch die Beobachtung des Verhaltens und der Handlungen seiner Mitmenschen. Doch welcher von beiden Lernformen ist wohl größeres Gewicht beizumessen? Lernen Menschen (übrigens jedes Alters) mehr über vermittelte Worte oder stärker über die permanente Beobachtung des Verhaltens anderer Menschen?

Diese Frage ist schnell und klar beantwortet. Wir lernen deutlich mehr über die Imitation des Verhaltens von Bezugspersonen und Vorbildern. Diese Lernform erzeugt in uns klare Bilder unserer Umwelt und verläuft zu großen Teilen unbewusst. So können z.B. Wutanfälle durch Beobachtung „vererbt" werden. Unser heutiges Verhalten ist eine Synthese beobachteter Verhaltensmuster während unseres gesamten Lebens.

Dazu folgendes Beispiel: Ein Vater sieht gemeinsam mit seinem Sohn fern. Zu sehen ist das Endspiel der Fußball-Weltmeisterschaft und beide sitzen wie gebannt vor dem Fernseher, um nichts zu verpassen. Kurz vor Ende der zweiten Halbzeit klingelt das Telefon. Natürlich ist in solchen Fällen der Einsatz der Mutter gefragt, die sich für diesen Sport wenig interessiert. Nachdem sie den Telefonhörer abnimmt und einige wenige Worte wechselt, wird dem Vater sehr schnell deutlich, dass am anderen Ende der Leitung sein Chef ein wichtiges Problem hat. Da unser Vater in diesem Moment keinesfalls gestört werden möchte, wehrt er mit einer hektischen Bewegung ab und macht seiner Frau damit klar, dass er nicht zu sprechen sei. Diese versteht sofort und sagt, ihr Mann sei nicht zugegen. Die Aktion glückt, sie legt mit einem verschmitzten Lächeln wieder auf und verlässt die Wohnstube. Der Sohn hat das Geschehen am Rande mitbekommen, obwohl es nicht seine Absicht war, es bewusst zu verfolgen.

Nun stellen wir uns vor, nach einigen Wochen versuchen die Eltern ihrem Kind beim Mittagessen deutlich zu machen, dass man nicht lügen soll. Was jetzt mit Worten versucht wird, hat es über Handlungen schon damals begriffen. Diese Lektion hat der Junge längst gelernt. Wie unglaubwürdig müssen ihm in diesem Moment die Worte der Eltern erscheinen? Was sie sagen und was sie tun, klafft weit auseinander. Und genau das lernen Kinder und Jugendliche auch: Unglaubwürdigkeit und leere Parolen. Was wir selbst erleben, hat immer größere Wirkung auf uns, als jenes, was man uns erzählt. Ein Bild sagt mehr als tausend Worte und gerade diese Nichtübereinstimmung von Worten und Taten wird natürlich mitgelernt.

Solche Erfahrungen werden bei wiederholter „Einnahme" später zu internen Begleitern jeder Wahrnehmung. Wir bemerken nur selten, wie prägend solche Einflüsse wirken und entwickeln in unserer Kindheit Wahrnehmungsmuster, die uns ein Leben lang begleiten und beeinflussen werden. Doch irgendwann muss der Punkt kommen, an dem wir das Selbstverständliche in Frage stellen, anzweifeln, uns Rechenschaft darüber ablegen, ob wir weiter Opfer solcher Programmierungsprozesse sein wollen oder, im Gegenteil, für unser Verhalten Verantwortung überneh-men und es daraufhin überprüfen wollen. Je früher wir ein Verhalten unbewusst gelernt haben, so weniger waren wir daran bewusst beteiligt, desto weniger ahnen wir, dass es sich überhaupt um ein *gelerntes* Verhalten handelt.

Wenn wir nicht nur körperlich, sondern auch psychisch er-wachsen werden wollen, dann begreifen wir, dass solche Mechanismen uns zu dem gemacht haben, was wir heute sind.

Was wir jedoch auch erkennen, ist, dass wir als Kind keinen bzw. äußerst geringen Einfluss auf diesen Prozess hatten, heute jedoch schon. Wir haben jederzeit die Möglichkeit, umzulernen, zu entlernen oder neu zu lernen.

Wahrnehmung basiert auf gelernten Mechanismen und ist entsprechend beeinflussbar. Wer bereit ist, diese Eigenverantwortung zu übernehmen, macht sich selbst zum bewussten Gestalter seines Lebens. Und vielleicht haben Sie es bemerkt: „er *macht* sich zum ...“ In dieser Formulierung steckt das Wort: „macht“. MACHT kommt von machen!

2.1. Was Worte alles (anrichten) können

Achte auf deine Gedanken,
sie werden zu Worten.
Achte auf deine Worte,
sie werden zu Handlungen.
Achte auf deine Handlungen,
sie werden zu Gewohnheiten.
Achte auf deine Gewohnheiten,
sie werden zu Charaktereigenschaften.
Achte auf deinen Charakter,
er wird dein Schicksal.

Chinesische Weisheit

Unser Denken macht uns als Menschen aus und unterscheidet uns von allen anderen Lebewesen auf dieser Erde. Wer auch immer das menschliche Gehirn erfunden hat: Herzlichen Glückwunsch - das war eine Meisterleistung!

Menschliche Entwicklung funktioniert so, dass uns in Sprache erklärt wird, wer wir sind, was Welt ist, wozu eine Unterscheidung in gut und böse wichtig ist, warum Hunde bellen usw.

Je glaubhafter uns dies vermittelt wurde, um so mehr gehen wir sicher davon aus, dass es sich so verhält und nicht anders.

Erziehung vermittelt uns jedoch nicht nur *die* Wirklichkeit, sondern erschafft in ihrem Verlauf eine ganz bestimmte *Art* der Betrachtung dieser Wirklichkeit, einen ganz bestimmten Blickwinkel auf die Dinge. Haben wir zum Beispiel einen einfühlsamen Vater, der als Hundezüchter arbeitet, so wird er uns über das Bellen eines Hundes andere Wahrnehmungen ermöglichen als eine Mutter, die bereits drei Mal in ihrem Leben von irgendeinem dieser „Köter" gebissen wurde (vielleicht mangels Beziehung zur Tierwelt).

Nun werden wir erwachsen und entwickeln unsere eigenen Sichtweisen, unser eigenes Denken, benutzen Sprache auf unsere persönliche Weise und manche unserer "Lieblingswörter" benutzen wir sicher öfter. Doch sind wir uns der Kraft der Worte, der Macht der Sprache bewusst?

Wir beeinflussen. Wir wirken, d.h. unsere Worte haben Wirkung: auf andere Menschen, auf uns selbst. Wir können uns krank denken oder gesundbeten, das alles geschieht in Worten. Wir können uns wertvoll fühlen oder wertlos, und wir werden dazu ganz bestimmte Worte bevorzugen, um dies auszudrücken.

Wenn ein Kind das Wort Apfel einige Male gehört hat und dieses Wort mit konkreten Sinneswahrnehmungen gekoppelt wurde, kann es bei angemessener Entwicklung schließlich das Wort "Apfel" aussprechen. Das Kind tut es dann mit einer Selbstverständlichkeit, die uns als Erwachsene verblüfft - als wäre dieser "Apfel" schon immer Teil seines Sprachschatzes gewesen. Nicht anders ist es beim Erwachsenen. In unserer Umwelt sind ganz bestimmte Worte nötig, um sich z.B. fachlich korrekt zu verständigen und wir bemerken nur selten, wie diese Begriffe irgendwann völlig selbstverständlich aus unserem Mund kommen.

Sollten Sie einen Kollegen kennen, mit dem Sie oft zusammenarbeiten müssen, und der findet alles Mögliche ständig "Wahnsinn", dann ist es sehr wahrscheinlich, dass Sie nach einiger Zeit ebenfalls damit anfangen. Ob Sie dieses Wort nun mögen oder nicht, denn **was uns umgibt, das wird uns prägen**.

Ihre eigenen Worte werden Sie also auch prägen. Dieser Prozess geschieht eher unbewusst. Nehmen wir einmal an, diese Welt erscheint Ihnen regelmäßig als "belastend"; dann wundern Sie sich bitte nicht, wenn die "Last" schwerer wird. Haben Sie Schlafprobleme? Wie oft nehmen Sie dieses Wort in den Mund? Wie oft suggerieren Sie ihrem Geist eine Verbindung von "Schlaf" mit "Problem"? Da wir uns nicht nur selbst, sondern auch andere beeinflussen, finden wir sicher bald Leute, denen es ähnlich geht. Na dann muss es ja wohl stimmen (auch diese Selbstverständlichkeit gleicht der eines Kindes). **Nur was gedacht wurde, existiert** in unserer (sprachlichen) Wirklichkeit. Erst das Wort gibt den Dingen Leben.

Oft erzeugen wir durch unser Denken negative Umstände, dies gibt uns nun noch mehr Grund zum Klagen und wenn sich dieser Teufelskreis der gegenseitigen Bestätigung von Gedanken und Umständen zuspitzt, dann können wir fast zusehen, wie die Wahrnehmung unserer Welt täglich schlechter wird.

Worüber unterhalten Sie sich täglich? Über Möglichkeiten, über Chancen, über Wachsen oder Lernen, über Staunen oder Faszination, über Entwicklung oder sogar Begeisterung? Oder reden Sie viel mehr über Dummheit, Idioten, Grenzen, Barrieren bzw. "Unmöglich"keiten? Noch einmal: Was uns umgibt, wird uns prägen. Und zunächst umgeben wir uns selbst, mit unseren eigenen Worten. Wie sagte schon Gautama Buddha: "Herrschaft über das Denken gibt Macht über Leib und Leben".

Achten Sie also ganz bewusst auf Ihre Wortwahl. **Worte verändern das, was sie bezeichnen, manchmal erzeugen sie es sogar erst.** Wie wir über die Dinge denken, so begegnen sie uns. Sobald Sie Schneckeneier als eine sündhaft teure Delikatesse in ausgewählten Restaurants angeboten bekommen, beginnen sie vielleicht zu schmecken. Wie anders verhielte es sich, wären dieselben Schneckeneier innerhalb eines Tierversuch-Labors ein überflüssiges Abfallprodukt, welches unter Ausschluss jeder Infektionsgefahr entsorgt werden muss. Essen Sie lieber ein Steak oder bevorzugen Sie vom Blut befreite Teile geschlachteter Tiere? Werbung z.B. bedient sich recht geschickter Wortmarken. Ein halbes Glas Wasser kann halbleer, es kann auch halbvoll sein. Das ist abhängig vom Betrachter und erzeugt verschiedene Vorstellungen.

Achten Sie bitte darauf, dass sich in Ihren Gedanken keine "Viren" einschleichen. Wir kennen deren Wirkung im Computer wie auch bei einer Erkältung in unserem Körper. Nehmen Sie sich sehr ernst und ihre Gedanken auch, denn Sprache bezeichnet nicht einfach nur die Welt, sondern beeinflusst unsere Lebensumstände ganz erheblich.

2.2. Sprache erschafft Wirklichkeit

In dem Moment, in dem wir zu reden beginnen, bringen wir unsere persönlichen Wahrnehmungsmuster zum Ausdruck, unsere Bewertungen, Polarisierungen, Meinungen. Dabei sagt unsere Sprache zunächst etwas über uns selbst als über *die* Welt. Beschreibt z.B. jemand einen Menschen als interessant, so wissen wir zunächst ein wenig mehr darüber, was für den Sprecher das Wort „interessant" bedeutet. Diese Aussage muss jedoch nicht zwangsläufig auf die beschriebene Person zutreffen, ist es doch nur die Darstellung einer Sichtweise, einer Betrachtung. So hat eine Beurteilung sicher mehr mit dem Beurteiler als mit dem Beurteilten zu tun. Unsere sogenannte Beschreibung der „Fakten" verdeutlicht nur zu sehr unseren eigenen Standpunkt.

Das gleiche Wort kann verschiedene Bedeutungen haben: Gehört die Mutter zum Vater oder zur Schraube? Gleichzeitig kann eine Vorstellung aber auch auf sehr verschiedene Weise vermittelt werden (z.B. das Steak). Hier berühren wir den Bereich der Rhetorik. Ihre Wortwahl kann Ihre Beschreibungen auf- oder abwerten, Begeisterung bei anderen Menschen hervorrufen, gelangweilte Gesichter erzeugen oder sogar Abscheu provozieren.

Zusammenfassung

- Worte bezeichnen nicht einfach nur die „Dinge", sondern erschaffen eine ganz bestimmte individuelle Wirklichkeit.
- Unsere Sprache signalisiert anderen Menschen unsere Art, wahrzunehmen.
- Worte verändern das, was sie bezeichnen, manchmal erzeugen sie es sogar erst.
- Es gibt Dinge, die existieren nur deshalb, weil die Menschen daran glauben und dafür Begriffe er- bzw. gefunden haben. Nur was gedacht wurde, existiert.
- Alles Gesagte wird von JEMANDEM gesagt und ist damit abhängig von dem, der es ausspricht. Wirklichkeit entsteht durch Beobachtung.
- Es gibt keinen zweiten Menschen auf dieser Welt, der seine Umwelt genauso sieht, spürt, hört und der auf genau dieselbe Weise wie Sie darauf reagiert. Niemand verwendet Worte in genau derselben Bedeutung, wie Sie es tun.
- Verwenden Sie eine Sprache, in der Sie selbst auch vorkommen. Schaffen Sie den Übergang vom „man" zum „ich".
- Wir zivilisierten Menschen (besonders Männer) neigen zunehmend zur Substantivierung. Damit erscheint das Gesagte unabhängig von uns. Bevorzugen Sie Verben gegenüber Substantiven.
- Umgeben Sie sich mit Personen, die Ihren Sprachschatz und damit Ihr Leben positiv beeinflussen.
- Die Grenzen Ihrer Sprache symbolisieren die Grenzen Ihrer Welt.
- Ändern Sie Ihre Worte und Sie ändern Ihr Leben!

3.1. Wie wir miteinander reden

Es besteht die Gefahr,
dass nicht unsere Technologien es sein werden,
die unsere Erde zerstören,
sondern unsere Beziehungslosigkeit.

Club of Rome

Unsere Kommunikation besteht zu 7 % aus Worten, zu 38 % aus stimmlichen Merkmalen und ist zu 55 % körpersprachlicher Natur. Wir tauschen nicht nur Auffassungen, Meinungen oder Gedanken aus, sondern definieren gleichzeitig die Beziehungen zu unseren Gesprächspartnern. Letzteres tun wir so lange unbewusst, wie diese Beziehungen nicht gestört bzw. unwichtig sind. Wir wissen nicht immer genau, dass wir im Prozess der Kommunikation fortlaufend Beziehungsbotschaften austauschen, d.h. Beziehungen herstellen, permanent beeinflussen und verfestigen, manchmal sogar zerstören. Betrachten Sie bitte sämtliches Verhalten als kommunikativ. Einzige Voraussetzung ist, dass sich mindestens zwei Menschen gegenseitig bemerkt haben. Ab diesem Moment kann sich niemand seiner Wirkung auf den anderen entziehen. Ob die beiden nun schweigen oder angeregt miteinander plaudern – in beiden Fällen tauschen sie Botschaften aus. Sie können sich also *ver*halten, Sie können sich *ent*halten: Kommunikation wird stattfinden. Worte wirken immer - für oder gegen Sie. Wir kommunizieren nicht nur über Worte, sondern in gleicher Weise über Blicke, Gesten, Mimik, Haltungen, Kleidung, Bewegungen, Betonung, Seufzen, Statussymbole usw.. Ununterbrochen beeinflussen wir andere Menschen und werden von ihnen beeinflusst.

Unsere Art zu sprechen gibt Aufschluss über unser Denken, unsere Erziehung, unsere Absichten und den Umgang, den wir pflegen. Der Gesprächspartner wird erkennen, ob wir traurig oder fröhlich, begeistert oder gehemmt, engagiert oder teilnahmslos, ausgeglichen oder aggressiv sind. Die Veränderung einer Sichtweise wird sich augenblicklich in Sprechtempo, Lautstärke oder Tonlage unserer Stimme bemerkbar machen. Wer etwas *von* sich gibt, der gibt auch etwas von *sich*.

Mit den Augen drücken wir manchmal mehr aus als mit Worten. Denken Sie an Liebe, Zorn oder Begeisterung. Die Augen sagen jedoch auch: Sie interessieren mich, was Sie sagen interessiert mich, Sie haben meine volle Aufmerksamkeit. Unsere Gestik, die Gesamtheit aller Bewegungen, vor allem der Arme und Hände, ist ein wesentlicher Teil der Körpersprache. So verleihen Sie dem Gesagten besonderen Ausdruck, unterstreichen es. Sie können mit Ihrer Gestik aber Ihre eigenen Worte auch als zweifelhaft oder falsch erscheinen lassen. Worte werden gesteuert vom Verstand, Körpersprache ist eher gesteuert vom Gefühl des Menschen. Sekunden, bevor wir etwas sagen, zeigt der Körper bereits eine Antwort-Tendenz. Worte können lügen, der Körper lügt nicht. Es sei denn, Sie haben das achte Rhetorik-Seminar besucht, in dem Sie nicht gelernt haben, Ihre Wirkfaktoren bewusst einzusetzen, sondern Ihren eigenen Körper und den Gesprächspartner zu täuschen. Ein ehrliches Lächeln beginnt zuerst in den Augen und anschließend erst überträgt es sich auf unseren Mund. Wenn Sie ein wenig Übung im Beobachten erlangen, sehen Sie recht sicher, ob eine Geste, ein Gesichtsausdruck oder eine Körperbewegung spontan oder „gelernt" ist. Leider bringen noch immer genügend Trainer ihren Seminarteilnehmern bei, wie sie gut wirken (als wirkungsvolle Technik) und nicht, wie sie effizient miteinander kommunizieren (als innere gewachsene Haltung).

Was wir mit Worten zum Teil mühsam versuchen, misslingt uns nicht selten durch gegenteilige Signale unserer Körpersprache. Wir besuchen als erwachsene Leute dazu Seminare, weil wir es nur oberflächlich gelernt haben, miteinander positiv zu kommunizieren. Immerhin ist Kommunikation das wichtigste Handwerkszeug, um unsere Interessen zu bekunden, um andere Menschen zu überzeugen, um etwas zu verkaufen bzw. überhaupt etwas zu bewirken. Was wir sind, sind wir durch andere Menschen. Menschen können uns Türen öffnen, Menschen können uns Türen verschließen. Für unseren Erfolg sind wir auf die Kooperation mit anderen Menschen angewiesen. Doch wie „stumpf" sind doch gelegentlich unsere Werkzeuge? Jeder Schlosser muss in regelmäßigen Abständen seine Werkzeuge schärfen. Wann schärfen wir die Werkzeuge unserer Sprache, unserer Erfolgsfähigkeit und des Überzeugens? Wir machen uns wenig Gedanken um unsere Wirkung auf andere Menschen, bemerken jedoch im Gegenzug sehr sensibel, wie andere Menschen auf uns wirken.

3.2. Beziehungsweise(n)

Innerhalb der Kommunikation regeln wir gleichzeitig unsere Beziehungen zueinander. Das ist einer der Aspekte, die in diesem Buch genauer beleuchtet werden sollen: Wir geben neben inhaltlichen Botschaften gleichzeitig Hinweise darüber, wie unsere Mitteilungen verstanden werden sollen. Neben dem „was" ist also auch das „wie" sehr entscheidend. Beziehungssignale definieren den Inhalt, sie stellen eine Art Fundament dar, auf deren Grundlage die Inhalte überhaupt erst verstehbar werden. Wir kennen das Sprichwort: Wenn zwei das Gleiche sagen, ist das noch lange nicht dasselbe. Sagt eine nahestehende Person zu Ihnen: „Du Esel", nehmen Sie es sicher anders wahr als von einer Ihnen fremden Person. Die unterschiedlichen Beziehungen zu diesen beiden Personen lassen sie diese Aussage verschieden verstehen.

> Die Beziehung entscheidet, was Sie verstehen werden.

Das „wie" *entscheidet* über das „was". Ohne einen (klaren) Hinweis darauf, wie Sie etwas zu verstehen haben, können Sie die Bedeutung einer Aussage nicht angemessen entschlüsseln. Sollte übrigens dieser „klare" Hinweis doch fehlen, ergänzen Sie ihn entsprechend *Ihrer* Beziehung zum Sender der Botschaft. Nun kann der Sender seine Beziehung zu Ihnen anders betrachten als Sie Ihre Beziehung zum Sender, hier kann es schon zu Missverständnissen kommen.

Betrachten Sie nur den reinen Inhalt einer Botschaft, dann bedeutet ein Lob eine Anerkennung. Betrachten Sie zusätzlich die Beziehung zweier Gesprächspartner zueinander, so kann Lob alles Mögliche bedeuten. Sie können jemanden hochloben, wegloben (z.B. innerhalb eines Unternehmens auf den Platz relativer Unschädlichkeit) usw. Wie sagte Herbert Wehner im Deutschen Bundestag: „Ihr Lob trifft mich nicht!"

> Der sinnvolle Umgang mit anderen Menschen
> wird nicht in erster Linie durch unseren Wortschatz
> geprägt, sondern durch unsere **Beziehungsfähigkeit**.

Wenn Sie einen achtjährigen Sohn haben, der aus Ihrer Sicht nur unter Androhung von Strafe sein Zimmer aufräumt, dann werden Sie sicher verwundert reagieren, wenn er Ihnen eines Tages (ganz von allein) sein aufgeräumtes Kinderzimmer präsentieren wird. Betrachten Sie ausschließlich die inhaltliche Botschaft, könnten Sie nun mit wehenden Fahnen durch die Wohnung laufen und rufen: „Toll! Prima! Weiter so! Wunderbar! Bestens!" Da Sie ihn aber recht gut kennen, könnte Ihre Reaktion eher skeptisch ausfallen: „Ob er wohl Probleme hat? Hat er vielleicht etwas „ausgefressen"? Hat er eine Freundin? Was hat er vor? Er räumt doch sicher nicht ohne Grund auf. Plant er eine Taschengelderhöhung? Möglicherweise mit eingebauter Dynamik?"

Was genau los ist, wissen Sie nicht, aber Sie ahnen, *dass* da etwas ist. Sie werden sein Verhalten ganz sicher auf dem Hintergrund Ihrer bisherigen Beziehung zu ihm deuten. Wie anders verhielte es sich, wäre es der Sohn der Nachbarn?

Betrachten Sie ein weiteres Beispiel: Viele Männer schenken Ihrer Partnerin nur in größeren Abständen Blumen. Stellen Sie sich bitte vor, ein Mann käme nun plötzlich jede Woche mit frischen Blumen, und das ohne ersichtlichen Grund im 15. Jahr der Partnerschaft. Was soll die Frau denken? Wie wird sie diese

Geste „einordnen"? Inhalt übermittelt sich immer auf der Grundlage von Beziehung.

Diese Unterscheidung zwischen Inhalts- und Beziehungsbotschaften kann man auch synonym als den Unterschied zwischen Sender und Botschaft bezeichnen. Da der Sender gegenüber der Botschaft fundamentaler ist, glauben wir einem von uns akzeptierten Sender sogar normalerweise fragliche Botschaften. Das Gegenteil kennen wir auch: Der Sender ist unglaubwürdig und kann sich mühen, wie er will. Bei uns jedenfalls hat er äußerst geringe Chancen, zu überzeugen. Da wir diese Person ablehnen, lehnen wir in gleicher Weise und oft unbewusst seine inhaltlichen Botschaften ab. Der Sachinhalt entfaltet seine Bedeutung erst auf der Grundlage unserer Beziehung zur Person des Senders.

Wie gering wären die Chancen zur Durchsetzung einer genialen Idee in einem Team, wenn der Gedanke ausgerechnet von einem „Spinner" kommt, dessen Achtung innerhalb dieses Teams sehr gering ist. Dieselbe Idee - geäußert von einem Meinungsführer oder Multiplikator – hätte eine deutlich höhere Wahrscheinlichkeit, beachtet zu werden und sich innerhalb des Teams durchzusetzen.

Diese beiden Kommunikationsebenen sind im Alltag so miteinander verwoben, dass wir sie zum einen nur selten bewusst registrieren und zum anderen die Beziehung nicht sofort und geschliffen in Worte fassen können. Die Frage lautet: <u>Wie heißt das „Spiel", das jenseits von Inhalt zusätzlich abläuft und diesen erst in genau dieser Weise ermöglicht?</u> Diese Frage sollten Sie sich regelmäßig stellen. Erst dann, wenn wir unsere eigenen Beziehungsmuster erkennen, werden wir mehr über unsere persönliche Wirkung auf andere Menschen erfahren. Wir erkennen, warum uns manche Menschen „grünes Licht geben", während andere unsere Vorschläge (regelmäßig) ablehnen oder widerlegen. Das hat nicht per se mit diesen Menschen zu tun, sondern in erster Linie mit unserer Art, mit anderen Leuten in Beziehung zu treten.

Erst wenn uns dieser Mechanismus deutlich wird, können wir den Schritt zur Eigenständigkeit wagen und befreien uns aus der

Opferrolle. Ich benutze das Wort „Opfer" ganz gezielt, da ich das Gefühl habe, wir übernehmen immer weniger Verantwortung (z.B. für unsere Wahrnehmungen) und sehen uns als Opfer des Verhaltens anderer Menschen. Ganz so einfach ist es sicher nicht.

Bitte versuchen Sie, die Wirkung der folgenden drei Sätze auf sich selbst zu testen. Lassen Sie sich dazu bitte ein wenig Zeit zum „Einwirken", bevor Sie weiterlesen:

1. Soll das etwa heißen, dass ...?
2. Können Sie mir noch folgen?
3. Du hast mich missverstanden!

Bemerken Sie den Unterton? Lässt die erste Formulierung nicht eine eingebaute Ablehnung spüren? Ist die zweite Frage nicht ziemlich arrogant? Sagt der dritte Satz nicht klar, wer Schuld hat am Misslingen der Kommunikation?

Versuchen wir, diese Formulierungen beziehungsfördernd auszudrücken, halten wir eine angemessene Beziehung zum Gesprächspartner aufrecht.

1. statt: Soll das etwa heißen, dass ...?
   besser: Wie kann ich das verstehen? Oder: Habe ich Sie richtig verstanden?
2. statt: Können Sie mir noch folgen?
   besser: Kann man das soweit verstehen? Oder: Haben Sie dazu Fragen?
3. statt: Du hast mich missverstanden!
   besser: Ich habe mich sicher etwas unklar ausgedrückt.

Der Vorteil solcher positiven Formulierungen liegt auf der Hand: Die Bereitschaft, uns zuzuhören, wird beim Gesprächspartner erhalten und nicht zerstört. Glauben wir bitte nicht, wir sichern uns die Kooperation unserer Mitmenschen, indem wir sie angreifen, erniedrigen, beleidigen. Wenn der Gesprächspartner in irgendeiner Weise angegriffen wird und dabei sein Selbstwert in Frage gestellt wird, verhält er sich nicht mehr kooperativ. Sie können eine Diskussion leicht gewinnen, ohne zu bemerken, dass Sie Ihren Gesprächspartner verloren haben. Dort, wo wir früher Antennen hatten für diese negative Art von Gesprächsführung, haben wir heute Satelliten für die geringsten Formen von Druck. Als Kunden wissen wir das sehr wohl, als Verkäufer missachten wir zum Teil gröblichst die Wertschätzung und Achtung unserer Kunden. Die Palette mangelnder Beachtung des Partners ist vielfältig und die Möglichkeiten sehr subtil.

> Wie wir behandelt werden wollen,
> steht nicht selten im umgekehrten Verhältnis dazu,
> wie wir andere Menschen behandeln.

Bitte bedenken Sie, dass immer dann, wenn unser Selbstwertgefühl beeinträchtigt ist, Inhalt zweitrangig wird. Wir haben nun mehr mit uns selbst zu tun als mit der eigentlichen Botschaft. Unser ältestes Gehirn, das Reptiliengehirn, ist folglich mit der grundsätzlichen Entscheidung betraut, ob wir (entwicklungsgeschichtlich gelernt) mit Abwehr oder Flucht reagieren. Hier ist klares Denken nicht vorgesehen, vor Jahrtausenden ging es lediglich um das nackte Überleben, heute geht es zumindest um das soziale. Der Mechanismus, der jedoch in uns ausgelöst wird, ist biologischer Bestandteil der menschlichen Psyche, blieb uns folglich erhalten. Greift uns der Gesprächspartner an, wird dies von uns sofort als potentielle Gefahr erkannt, auf die wir im Sinne unseres Überlebens sofort reagieren MÜSSEN. Dies ist Teil unserer genetischen Ausstattung. Wann immer wir sauer werden, kommen andere Mechanismen ins Spiel, als dass wir das Geschehen noch so einfach steuern könnten. Miteinander verhandeln ist kein linearer Prozess, sondern ein komplexer mit Regeln höherer Ordnung.

Hier einige ironische Tipps, wie Sie sich bei Ihren Mitmenschen unbeliebt machen können. Die folgenden Formulierungen sollen Ihnen dabei helfen:

- Da sind Sie aber der Erste, der so etwas sagt.
- Das sehen Sie falsch.
- Seien Sie mal ehrlich ...!
- Da machen Sie sich ein falsches Bild.
- Das glauben *Sie* vielleicht.
- Das sagt einem doch der gesunde Menschenverstand.
- Das ist heute aber ganz anders.
- Wer hat Ihnen denn das erzählt?

Volle Wirkung erreichen Sie bei der Nutzung solcher Formulierungen jedoch nur dann, wenn auch die Stimme überzeugend Missachtung und Ablehnung zum Ausdruck bringt.

Der Videorecorder

Herr Penibel und seine Frau haben sich einige Tage am Meer erholt und kommen zurück nach Hause. Während seine Frau die Reisekoffer auspackt, unternimmt Herr Penibel einen Kontrollgang durch das Haus, um nach dem Rechten zu sehen. Im Wohnzimmer fällt ihm sofort das kleine rote Lämpchen des Videorecorders ins Auge. Dieses signalisiert ihm die eingeschaltete Standby-Funktion des Gerätes, ein Umstand, der bei Herrn Penibel einigen Ärger verursacht. Etwas beschleunigten Schrittes sucht er seine Frau auf, um sie zur Rede zu stellen, denn üblicherweise werden sämtliche elektrischen Geräte bis auf wenige Ausnahmen abgeschaltet, wenn die Familie das Haus für längere Zeit verlässt.

Im Schlafzimmer schließlich findet er sie und fragt sogleich mit leicht vorwurfsvoller Stimme: „Sag mal, hast du vergessen, den Videorecorder auszuschalten?" Sie unterbricht ihre Tätigkeit, sieht ihren Mann aufmerksam an und erkennt sofort: Es geht jetzt nicht nur um eine Frage schlechthin, sondern zusätzlich um eine gewisse „Angriffslust". Sie wird also nicht nur auf den

Inhalt der Frage eingehen, sondern zudem auf die Art, wie sie ihr gestellt wurde. Nach kurzer Überlegung erwidert sie: „ Oh, das kann sein. Darauf müssen wir in Zukunft unbedingt achten, dass uns so etwas nicht wieder passiert. Schließlich muss das Gerät nicht umsonst laufen."

Herr Penibel wartet die Worte seiner Frau ungeduldig ab, hat allerdings mit einer völlig anderen Reaktion gerechnet. Sie hat sein „Problem" nicht bagatellisiert, sie hat nicht gefragt: „Na und?" Sie hat sich nicht gerechtfertigt und verkündet: „Das hat uns sicher nur 4 Pfennige gekostet." Dann hätte er das übliche Repertoire auffahren können, welches sonst eine Auseinandersetzung von mindestens 30 Minuten mit sich bringt. Sie hat sehr schnell erkannt, ihm es geht nicht nur um den Videorecorder (Inhalt), sondern auch um einen Streit (Beziehung). Auf diese Weise hat sie eine Fortsetzung des von ihm inszenierten Anfangs blitzschnell unterbrochen, ja sogar unmöglich gemacht. In seinem Ärger hätte er sicher auf sein Recht gepocht. Das hätte weder die Klärung des Umstandes noch seine Partnerschaft vorangebracht.

Ein Wort zur Kritik

Viele von uns meinen, dass man das Verhalten eines Menschen mit Kritik verbessert. Dabei stoßen wir oft auf Widerstände und stärken die Tendenz zum Widerspruch, statt Einsicht zu erzeugen. Es gibt andere Wege. Hier ein sehr anschauliches Beispiel: ... „wenn ein Stammesmitglied der Babemba aus Südafrika ungerecht gewesen ist oder unverantwortlich gehandelt hat, wird er in die Dorfmitte gebracht. ... Alle im Dorf ... versammeln sich um den „Angeklagten". Dann erinnert jedes Stammesmitglied, ganz gleich welchen Alters, die Person in der Mitte daran, was sie in ihrem Leben Gutes getan hat. Alles, an das man sich in Bezug auf diesen Menschen erinnern kann, wird in allen Einzelheiten dargelegt. Alle seine positiven Eigenschaften, seine guten Taten, seine Stärken und seine Güte werden dem „Angeklagten" in Erinnerung gerufen. ... Die einzelnen Geschichten über diese

Person werden mit absoluter Ehrlichkeit und großer Liebe erzählt. ... Die Zeremonie wird so lange fortgeführt, bis jeder im Dorf mitgeteilt hat, wie sehr er diese Person als Mitglied der Gemeinde schätzt und respektiert. ... Am Ende wird der Kreis geöffnet, und nachdem der Betreffende wieder in den Stamm aufgenommen worden ist, findet eine fröhliche Feier statt." *(aus: GERALD G. JAMPOLSKY: Verzeihen ist die größte Heilung, Deutsch von Manfred Miethe © 2000 Integral Verlag München)*

3.3. Offenes Denken und geschlossenes Meinen

Nach MILTON ROKEACH ist unser Geist offen oder ver-schlossen, wobei das Kriterium für eine Unterscheidung nicht in der Fülle der aufgenommenen Informationen liegt, sondern im Umgang damit *(vgl. MILTON ROKEACH: The Open and Closed Mind, Investigations into the nature of belief systems and personality systems, Basic Books, New York 1960). In Anlehnung an die Begriffe „offener Geist" und „geschlossener Geist" soll hier der „Mensch mit offenem Denken" dem „Mensch mit geschlossenem Meinen" gegen-übergestellt werden: eine Abstraktion des Autors des vorliegenden Buches mit einigen Anknüpfungspunkten zu ROKEACH:*

Ein „Mensch mit geschlossenem Meinen" kennt keine klare Unterscheidung zwischen Sender und Botschaft und wird mit dem Sender auch dessen inhaltliche Aussage bewerten. Im Gespräch mit diesen Menschen kommt es oft zur Verhärtung bzw. Polarisierung der Positionen. Jeder beharrt auf seinem Standpunkt, der ihm wichtig ist. Er wird versuchen, andere Menschen zu bekehren, zu missionieren, zu überreden. Selbst bei leidenschaftlicher Gesprächsführung zeugt diese Art von Kommunikation von Respektlosigkeit und nicht von Respekt. Für solche Menschen muss sich immer der andere ändern, nie sie selbst. Hier entfaltet sich die trügerische Funktion des Verstandes in voller Blüte: Er muss Recht behalten oder sich rechtfertigen (sich Recht fertigen). Der Verstand besteht aus Vorurteilen, Meinungen und Bewertungen, die uns selbst bestärken sollen. Aber wir sind nicht der Verstand, wir *haben* einen. Das ist ein grundlegender Unterschied. Denn auf diese Weise versetzen wir uns in die Lage, darüber zu reflektieren und uns einzugestehen, was wir mit uns selbst und unseren Mitmenschen so „veranstalten". Der „Mensch mit geschlossenem Meinen" konzentriert sich stärker auf Probleme und die hört man in seiner Sprache: „Das kann nicht sein" „Das geht bei uns nicht" „Das haben wir schon immer so gemacht" „Das haben wir noch nie so gemacht" „Das wird ja immer schlimmer" usw.. Der Satz: „Das glaube ich nicht." In Verbindung mit senkrechten Stirnfalten zeigt, dass er in seinem Denken unbeweglich ist und sich auf neue Informationen nicht oder nur schwer einlässt. Außerdem gibt es für ihn nur eine Wirklichkeit, nämlich die Welt, wie *er* sie sieht.

Der „Mensch mit offenem Denken" ist in der Lage, Sender und Botschaft bewusst auseinander zu halten. Er muss mit der Botschaft nicht auch gleichzeitig den Sender bewerten. Er weiß, dass so viele Meinungen wie Menschen existieren können und gibt anderen Menschen genau so viel Recht auf ihre Meinung wie sich auf die eigene. Neue Informationen werden regelmäßig mit vorhandenen „abgeglichen". Die Botschaft heißt hier nicht: „Du musst dich ändern", sondern: „Was sollten WIR ändern, damit sich unsere Kommunikation verbessert?" Er wird nachfragen, damit er sicher sein kann, die Aussagen seines Gesprächspartners richtig verstanden zu haben. Er hat es gelernt, die Ansichten anderer Menschen zu respektieren. Er wird zumindest den Versuch unternehmen, die Sichtweise, die Perspektive seines Gesprächspartners einzunehmen. Außerdem weiß er, dass es Unterschiede geben kann in dem, was ein Mensch sagt und dem, was er meint. Er wird nicht sofort widersprechen (müssen), selbst wenn es ihm schwer fällt. Er weiß, dass andere Meinungen in ihm Unsicherheit auslösen können, die er nicht dadurch reduzieren muss, dass er die Meinungs-Besitzer ablehnt. Er lernt, zu akzeptieren, wenn nicht sogar zu integrieren, was ursprünglich nicht Bestandteil seines Denkens und Handelns war. Damit erweitert er seinen Horizont ständig, was ihn auch zu einem tieferen Verständnis anderer

Vorstellungen, Meinungen und Verhaltensweisen einlädt. Er sieht die Menschen also nicht illusionär, wie sie seiner Meinung nach sein sollten, sondern wie sie sind. Ein „Mensch mit offenem Denken" ist nicht nur körperlich, sondern auch psychisch reifer und „erwachsen" geworden. Er übernimmt Verantwortung für seinen Anteil an Problemen und wird nicht ständig andere beschuldigen und sich selbst als Opfer sehen. Er handelt, statt sich zu rechtfertigen. Er weiß, dass unerfüllte Erwartungen, Stress und Ärger, die er erlebt, nicht von anderen verursacht werden. Der „Mensch mit offenem Denken" wird nicht darauf warten, dass sich andere ändern, sondern selbst Schritte zur Verbesserung einer Situation unternehmen.

3.4. Wir verstehen uns (nicht)

Ein interessantes Phänomen innerhalb der Kommunikation ist die Tatsache, dass sie um so leichter „funktioniert", je stärker sich die Ansichten der Beteiligten ähneln. Wir sprechen über das Gleiche, wir verstehen uns, wir ergänzen uns gegenseitig und könnten einen Dialog nicht nur stundenlang führen, sondern nächtelang fortsetzen. Wahrscheinlich haben beide Gesprächspartner ähnliche Erfahrungen gemacht, so brauchen sie sich nicht weiter erklären und können voraussetzen, dass der Film, der in dem Kopf des einen abläuft zu großen Teilen mit jenem Film übereinstimmt, der im Kopf des Partners „gezeigt wird". Menschen meinen oft, diese Art von Kommunikation sei interessanter und spannender. Das liegt wohl daran, dass wir in vielen Gesprächen Bestätigung und Beachtung suchen. Stimmt mein Gesprächspartner in einem bestimmten Inhalt mit mir überein, dann gebe ich ihm gern Recht. Das bedeutet nicht, dass er wirklich Recht hat, sondern, dass mein Denken und mein Weltbild eine erneute Stabilisierung erfahren haben.

> Der Ausspruch „Du hast Recht"
> sagt mehr über die Erfahrungen des Senders
> als über die des Empfängers dieses Satzes.

Wie anders ist es doch, wenn uns der andere widerspricht: Menschen neigen sehr schnell dazu, ihre eigene Position im Gespräch zu verteidigen, statt zuzuhören, was der Gesprächspartner wirklich will.

Hier scheint eine Annäherung ungleich schwerer. Deshalb ist es relativ leicht, Leute für etwas zu gewinnen, die (bezogen auf einen ganz konkreten Inhalt) ohnehin so denken wie wir. Wir neigen dazu, solche Situationen „überzeugen" zu nennen. Dabei hatten wir Glück.

Stimmen wir inhaltlich nicht überein, kann ein Gespräch in diesem Punkt recht schnell beendet sein. Man wechselt zu Themen, bei denen mehr Übereinstimmung zu erwarten ist und fühlt sich dabei meist entspannter.

16 x Stillen, und das täglich

Eine vierköpfige Familie besucht Freunde, nachdem sich dort erneut Nachwuchs eingestellt hat. Irgendwann kommt das Gespräch der Frauen auf das Thema Stillen: „Sag mal, stillst du eigentlich?", fragt die Frau. Darauf erwidert die Freundin: „Ja, sechzehn mal täglich." Das Gesicht der Fragestellerin neigt leicht zum Unverständnis. Sie hält dies aufgrund der eigenen Erfahrungen für deutlich zu viel, möchte es jedoch ihrer Freundin nicht mitteilen. Nun werden noch ein paar wenige unbedeutende Worte zur Sache verloren, um zu einem „besseren" Thema überzugehen und die Unterhaltung setzt sich etwas munterer fort. Schließlich geht der Nachmittag vorüber, alle verabschieden sich und unsere Familie macht sich startklar für die Abreise. Die letzte Autotür ist noch nicht geschlossen, da fragt unsere Frau ihren Mann: „Hast du das vorhin mit dem Stillen auch gehört?" Da auch er in dem Gespräch nicht unhöflich wirken wollte, hat er schon auf diese Frage gewartet und entlädt ebenfalls seine Skepsis. Sie können sich den Rest der Geschichte sicher ausmalen.

> Es ist deutlich leichter, im Falle der Abweichung von
> Meinungen *über*einander statt *mit*einander zu reden.

Weiter vorn haben wir über soziales Lernen gesprochen. Auch die Wirkung auf die mitfahrenden Kinder bleibt nicht aus: sie lernen, dass man höflicherweise besser nicht nachfragt, damit man Mitmenschen nicht verletzt bzw. in Frage stellt. Schließlich kann man „solche Dinge" hinterher allein im Auto besprechen (und seine eigenen Auffassungen „feiern"). Ist das höflich?

Teil 2
Die Möglichkeiten

Formen des Gelingens

4.1. Wie wir Konflikte betrachten

Ein jeder Kampf dreht sich
um unterschiedliche Blickwinkel,
die allesamt
dieselbe Wahrheit beleuchten.

Mahatma Gandhi

Nach allem, was wir bis zu diesem Punkt besprochen haben, wissen wir, dass Konflikte nicht die Ausnahme, sondern die Regel darstellen. Es wäre Unsinn, sie zu leugnen. Sie begegnen uns im privaten wie im gesellschaftlichen Leben fast täglich. Die Frage lautet vielmehr: Wie *lösen* wir unsere Konflikte? Können alle Beteiligten in der Auseinandersetzung lernen oder verhärten sich die Fronten und wir bleiben beim „Meinen"?

Einer der wichtigsten Aspekte, unsere Konflikte mit anderen Menschen zu betrachten, ist die unterschiedliche Interpretation ein und desselben Ereignisses. Wir nehmen eine Auseinandersetzung aus unserer persönlichen Sichtweise wahr und glauben oft, auf das Verhalten unseres Gesprächspartners zu *reagieren*. Der andere jedoch meint, er reagiert schließlich auf *unser* Verhalten. Jeder sieht sein eigenes Verhalten so als das Ergebnis des Verhaltens des Konfliktpartners. Abhängig vom eigenen Blickwinkel glaubt sich dann auch jeder der am Konflikt Beteiligten im Recht.
Ein Beispiel ist das Wettrüsten der beiden Supermächte während des Kalten Krieges, bei der jede Seite „nur" nachgerüstet hat und damit das eigene Verhalten als Reaktion auf das der anderen Seite interpretierte. (Diese Version gefiel zumindest den Medien.)

Herrn Schuhmanns Schuhe

Nehmen wir als weiteres Beispiel einen Mann, Herrn Schuhmann, der nach seinem Eintreffen in der Wohnung der Familie seine Straßenschuhe wie so oft nicht in den dafür vorgesehenen Schuhschrank stellt, sondern unmittelbar davor. Seine Frau hat ihn schon mehrfach auf diesen Missstand hingewiesen, aber sie konnte ihn mit ihren Argumenten bisher nicht bewegen, dies zu ändern. Da sie nicht permanent „meckern" möchte, reagiert sie heute einfach mal nicht darauf. Sie „frisst" den Ärger über die Sache in sich hinein, indem sie eine ganze Tafel Schokolade auf die Reise vom Kühlschrank über den Mund Richtung Magen schickt und schweigt. Da ihr Mann ohnehin wenig spricht, fällt ihm ihre Schweigsamkeit nicht einmal auf. Schließlich macht sich das Paar bereit zur Nachtruhe – doch die Ruhe trügt. Frau Schuhmann stolpert über die Teppichkante, die ihr Mann schon seit drei Monaten befestigen soll und tobt ihn mit ganzer Kraft an. Ein Stausee des Missmutes und des Ärgers bricht nun seinen Damm und kracht ins Tal des vorprogrammierten Streits zwischen den beiden. Nachdem sie es bis in die Morgenstunden schaffen, sämtliche streitbaren Themen menschlicher Existenz im Allgemeinen und des Zusammenlebens im Besonderen vom Hundertsten bis ins Tausendste aufzurollen, fragt schließlich Herr Schuhmann 4.27 Uhr seine Frau: „Wer hat denn eigentlich angefangen?" Darauf sie: „Na du. Du lernst es wohl nie mit deinen Schuhen. Sie gehören in den Schuhschrank und nicht davor." Darauf er: „Was hat das denn mit meinen Schuhen zu tun? Schließlich hattest du doch einen Hormon-Knall!"

Wir sehen also nicht nur Ereignisse unterschiedlich, sondern auch die zeitliche Reihenfolge dieser Ereignisse. Wir sind unterschiedlicher Auffassung, was im Konflikt als Ursache und was als Folge zu gelten habe. Jedoch ist nichts wahrscheinlicher, als dass Ihr Konfliktpartner die ganze Angelegenheit in *seiner* eigenen „Ursache-Wirkungs-Kette" interpretieren wird. Hier einige leicht nachvollziehbare Beispiele:

Auf einer Farm ist die Ernte eingebracht und alle bereiten sich bereits eifrig auf den Winter vor. Da geht der Farmer auf den Berg und fragt den weisen Indianer, wie der Winter wird. „Winter werden sehr sehr hart" entgegnet der Indianer. Der Farmer hackt weiter fleißig Holz, nach einer weiteren Woche geht er zur Sicherheit noch einmal zum weisen Indianer und fragt erneut. Der Indianer antwortet wieder: „Winter werden sehr sehr hart". Darauf fragt der Farmer den Indianer, woran er erkennen würde, dass ein harter Winter bevorstünde. Darauf der Indianer: „Weißer Mann hacken viel viel Holz".

Ich habe eine Zeit lang in einem Bildungswerk gearbeitet, dort herrschte ein offenes und angenehmes Arbeitsklima. Eines Tages - der Direktor, die Sekretärin und einige Dozenten standen im langen Mittelgang der Einrichtung und unterhielten sich sehr angeregt - betrat der Sohn der Sekretärin die Schule mit einer ziemlich großen Wasserpistole. Diese faszinierte mich so sehr, dass ich sofort auf den Jungen zuging und ihn bat, mir das „Teil" einmal zu zeigen. Während er es bereitwillig tat, erschrak seine Mutter auch schon ganz aufgeregt und rief unüberhörbar in meine Richtung: „Nicht vollspritzen! Ja nicht *mich* nass spritzen!"
Von allein wäre ich ja nicht einmal auf die Idee gekommen, jemanden in dieser Runde „ins Visier zu nehmen". Hätte sie mich nicht auf diesen Gedanken gebracht, hätte sie sich nicht selbst in diesem Augenblick zur potentiellen Zielscheibe erklärt.

Zwei Männer gehen durch den Wald. Einer der beiden klatscht alle 10 Minuten in die Hände, woraufhin ihn der andere fragt, wozu er dies tue. Daraufhin der eine: „ ... um die Elefanten zu verscheuchen". „Welche Elefanten denn? Hier sind doch keine zu sehen?" entgegnet der andere. Schließlich die Antwort des Klatschers: „Siehst du! Eben deswegen!" *(aus einem Vortrag von PAUL WATZLAWICK)*

Hier noch ein Beispiel, wie unser Denken die Umstände um uns herum beeinflussen kann: Nehmen wir an, Sie wären der Auffassung, dass die Menschen ziemlich dumm seien, unfähig zu wichtigen Entscheidungen und (überhaupt) nur auf ihren eigenen Vorteil bedacht. Je fester diese Meinung in Ihnen verankert ist, so mehr beeinflusst sie Ihre Wahrnehmung und Ihr Verhalten. Der Verstand will möglichst oft dafür sorgen, dass er Recht behält und die Anzahl dieser Leute wird sich in Ihrem Leben häufen. Sie selbst werden das als klaren Beweis Ihrer Sichtweise sehen, jedoch haben Sie einen aktiven Beitrag dazu geleistet, dass Ihnen diese „Typen" zunehmend begegnen. Sie sehen sich als Opfer solcher Mitmenschen und Ihre Mitmenschen sehen sich durch Ihre Meinung irritiert.

Stellen Sie sich bitte die Konsequenzen vor, wenn Sie in einer Führungsposition arbeiten, in der Sie mehrere Menschen anzuleiten haben. Ihr Weltbild wird das Verhalten Ihrer Mitarbeiter beeinflussen. Ich kenne so manchen Chef, der regelmäßig klagt über seine schwierigen Mitarbeiter: „Die denken überhaupt nicht mit, die muss man ständig antreiben ..." Aber woher wissen diese Vorgesetzten, was sie zu wissen glauben?

Wenn ich in meinen Seminaren mit Führungskräften arbeite, kommt in den ersten Stunden oft der Satz: „Das ist ein interessantes Konzept, das Sie uns vorschlagen. Dies ist mit unseren Mitarbeitern aber nicht machbar." Trainiere ich Mitarbeiter eines Unternehmens, klingt die Version entsprechend ihrer Perspektive: „Gute Ideen. Gute Ansätze. Aber Sie kennen unsere Vorgesetzten nicht!"

Bitte durchbrechen Sie solche simplen Kreisläufe, indem Sie sich selbst nicht nur als Reagierenden, sondern bewusst als Gestalter und Veränderer, als „Mitspieler" in einer bestimmten (nicht immer nur zugewiesenen) Rolle wahrnehmen. Sehen Sie nicht nur die Ereignisse, sondern den Prozess, der diese Ereignisse mit sich bringt. Dort, wo jemand tritt, findet sich (meist erst beim genaueren Hinsehen) jemand, der eine gewisse „Trittfläche" bietet. Das klingt sehr hart, befreit aber ungemein aus einer Haltung des „Getretenen", wenn Sie diesen Mechanismus durchschauen.

> Ich kann Konflikte so lange nicht effektiv lösen,
> wie ich nicht erkannt habe, dass wir beide gemeinsam
> in dieser Sache stecken, dass ich durch mein Verhalten
> den Konflikt mit bedinge und vielleicht sogar
> das Zusammenspiel erst ermögliche.

Leider begrenzt uns die Opfer-Perspektive dahingehend, dass wir uns als denjenigen betrachten, der auf die gegebenen Umstände nur „antwortet".

„Manche werden einwenden, dass diese Weltanschauung das Grundgesetz von Ursache und Wirkung in Abrede stelle. Der Begriff der Ursächlichkeit ist nur eine unzulängliche Art, die verschiedenen Stadien eines Ereignisses zu verbinden." *(ALAN W. WATTS: Der Lauf des Wassers, Frankfurt am Main, Suhrkamp 1983)*

4.2. Die Rolle des Verstandes

> Ob du denkst, du kannst es - oder du denkst es nicht:
> Du wirst auf jeden Fall Recht behalten.
>
> Henry Ford

In diesem Zusammenhang stolpern wir erneut über die Bauweise bzw. Funktion unseres Verstandes. Er sammelt Erfahrungen und hält diese schließlich für „die" Wirklichkeit. Wir meinen, andere Menschen müssen die Welt genauso betrachten wie wir und sind (zum Teil bitter) enttäuscht, wenn sie dies nicht tun, („Enttäuschung" hat etwas mit Täuschung zu tun.) Der Verstand neigt dazu, sich im Laufe unserer Biografie mit Meinungen, Ansichten, Erfahrungen, Stimmungen ... zu identifizieren und erschafft somit das EGO, welches sich abgrenzt gegenüber der Außenwelt. So entsteht die Illusion einer grundlegenden Trennung zwischen innen und außen, zwischen dir und mir. MAX FRISCH sagte sehr treffend, dass sich der Mensch eine Geschichte erfindet, die er früher oder später für sein Leben hält. Der Verstand wertet und *ur*teilt. Er teilt in gut und böse, richtig und falsch, in schwarz und weiß, innen und außen. Diese Polarität hat es ziemlich in sich: Unser EGO projiziert unsere Gedanken in die Außenwelt. Dies erweckt den Eindruck, als befände sich der Konflikt bzw. der „Feind" im Außen. Doch sämtliche Konflikte, die uns begegnen, sind unserem eigenen Geist entsprungen. Das EGO lebt davon, Ursachen für weniger angenehme Lebenslagen draußen zu suchen. So paradox es auch klingen mag: Das EGO hindert uns an der Einsicht, dass die Welt, wie wir sie begreifen, eine Auswirkung der eigenen Gedanken ist. Das EGO nährt auch die Illusion, dass alles, was wir wahrnehmen, auch wahr ist. So gehen wir davon aus, Menschen reagieren in gleicher Weise wie wir. Tun sie dies nicht, sind sie entweder böswillig oder verrückt. Unser menschliches Lieblingsspiel heißt dann: „Ich habe Recht!"

> Es scheint, unser Verstand ist mehr damit beschäftigt, sich selbst stabil zu halten, als externe Einflüsse genau zu analysieren, entsprechend auszuwerten und mit Schlussfolgerungen zu bedenken.

Die Grundformel einer Auseinandersetzung lautet immer: „Ich habe Recht!" gegen „Ich habe Recht!". Das machen Menschen, Gruppen, Glaubensgemeinschaften, Völker, Nationen. Wir halten unsere Sicht auf die Dinge für richtig und bekämpfen fast schon automatisch folglich andere Standpunkte, Meinungen, Auffassungen. Ich wiederhole mich: Menschen sind sogar bereit, für ihre Meinung zu sterben, statt sie zu korrigieren, wie Kriege beweisen. Alle Kriege dieser Welt entstanden und entstehen aus: „Ich habe Recht!" gegen „Ich habe Recht!" Solange wir diesen Kreislauf, diesen (w)irren Kreislauf nicht durchschauen, um ihn schließlich zu durchbrechen, sind wir hoffnungslose Opfer und unwissende Täter zugleich. Ich fordere uns nicht etwa auf, sich mit einer weiteren Sichtweise zu identifizieren, sondern möchte den Prozess des Identifizierens mit

Standpunkten bewusst zur Diskussion stellen. Wir tun alle das gleiche, wir tun es in verschiedenen Variationen und Ausprägungen, dennoch „macht" der Verstand bei uns allen das gleiche: er trennt unser persönliches Bewusstsein von der Außenwelt ab. Hier noch einmal der so wichtige Satz:

> Wir *sind* nicht unser Verstand, sondern wir *haben* einen.
> Dies ist ein grundlegender Unterschied.

„Es ist Zeit, aus dem Schlaf des Verstandes zu erwachen; wie aus einem Traum. Denn es sind nur Überzeugungen, die zwischen Menschen stehen und Krieg oder Frieden auslösen. Das bedeutet, Überzeugungen als das zu sehen, was sie sind: nämlich Überzeugungen. Es ist wirklich an der Zeit für ein Bewusstwerden unserer Überzeugungen. Wir sind mehr als unsere Überzeugungen; mehr als unser Verstand. Lassen Sie uns aufwachen aus diesem kollektiven Traum. Es ist Zeit. Was ist schon dafür zu tun? Es ist kein Berg zu bezwingen, kein Meer zu durchschwimmen, es ist keinerlei Anstrengung notwendig. Nichts. Wir brauchen unser Spiel nur zu beobachten. Bewusst wahrzunehmen. Einfach jene Energiephänomene, die in unserem Bewusstsein beispielsweise als Gefühle auftauchen, zu beobachten ohne zu bewerten. Das genügt." *(KARL GAMPER: wu-wei – Das neue Handeln, Millenniums- Trilogie I, Tiroler Repro Druck GmbH, Innsbruck 1999)*

Die Falle unserer gelernten, erworbenen, so sicher und richtig geglaubten Überzeugungen spaltet uns ab von „denen da", von „dem da". So erlauben wir uns allenfalls „neue" Erfahrungen, die jenes bestätigen, was wir doch schon zu wissen glauben.

4.3. Beziehungsfördernde Formulierungen im Konflikt

Um in einem Konfliktfall die Gesprächsführung sicher im Blick zu behalten, benötigen Sie „Werkzeuge" auf der Beziehungsebene, damit Sie das Gespräch bzw. die Verhandlung zügig wieder in sachliche Bahnen lenken können. Beziehung ist während des gesamten Gesprächs von hoher Priorität. Verletzt ein Gesprächspartner die Beziehung, leidet praktisch die Sachlichkeit. Nichts ist nun dringender, als diese wichtige Grundlage wieder herzustellen. Die folgenden Formulierungen helfen Ihnen dabei, ohne sofort in (meist eskalierende) „Kampf-Manöver" zu verfallen.

Wir sollten Sachgründe herausfinden,
ohne uns persönlich zu schnell angegriffen
oder abgelehnt zu fühlen.

Nehmen wir als Beispiel einen persönlichen Angriff. Was immer der andere gesagt hat und wie immer es gemeint sein sollte, bei Ihnen kam es als ein deutlicher Angriff an. Wie können Sie darauf reagieren, ohne die Situation eskalieren zu lassen? Hier eine mögliche Variante: „Das klingt wie ein Angriff. Ich weiß nicht, ob das Ihre Absicht war?" Diese sprachliche Formulierung birgt mehrere Vorteile in sich. Sie sagen ja nicht, dass es ein Angriff *ist*, sondern, dass es für Sie wie ein Angriff *klingt*. Fragen Sie nun nach, ob es die Absicht Ihres Gesprächspartners war, Sie bzw. die Beziehung zu Ihnen in diesem Gespräch zu verletzen, wird er dies mit sehr hoher Wahrscheinlichkeit zurückweisen. Die meisten Menschen werden diese Möglichkeit dankbar annehmen. So machen Sie auf eine Regelverletzung aufmerksam, ohne den Gesprächspartner ebenfalls anzugreifen. Darin besteht gerade die hohe Kunst.

Der Schwerpunkt der Formulierungshilfen liegt in der Aufrechterhaltung bzw. Wiederherstellung einer tragfähigen Gesprächsatmosphäre. Es handelt sich ausschließlich um Vorschläge, nicht um Rezepte. Am besten nehmen Sie diese Liste zur Grundlage der Entwicklung eigener Worte:

- Wie soll das Ergebnis Ihrer Meinung nach aussehen?
- Ich glaube, wir reden in diesem Punkt aneinander vorbei.
- Verstehe ich Sie richtig, dass ...?
- Wir sollten beide dafür sorgen, dass das Gespräch sachlich geführt wird.
- Ich bin sicher/ich glaube, dass wir so nicht weiterkommen.
- Wo gebe ich Ihnen Anlass, so aufzubrausen?
- Ich verstehe, was Sie sagen wollen.
- Ich befürchte, dieser Vorschlag wird nicht umzusetzen sein.
- Bitte geben Sie mir die Möglichkeit, das zu verstehen.
- Ich fühle mich sehr unter Druck gesetzt. War das Ihre Absicht?
- Ich bin mir sicher, dass Sie an einer Lösung ebenso interessiert sind wie ich.
- Das klingt wie ein Angriff.
- Ich kann Ihren Unmut verstehen, jedoch kommen wir so nicht weiter.
- Lassen Sie uns die Ärmel hochkrempeln und gemeinsam eine Lösung suchen.
- ... noch mal ganz in Ruhe und mit Bedacht.
- Darf ich noch einmal nachfragen?
- Es liegt doch sicher nicht in unserem Interesse, uns gegenseitig zu beleidigen/Vorwürfe zu machen.
- Ich bin nicht gekommen, um einen Streit zu beginnen, das ist auch nicht Aufgabe meines Berufs/meiner Einrichtung. Es geht mir darum, dass

wir gemeinsam und konstruktiv nach einer Lösung suchen.

- Ich kann Sie in gewisser Beziehung verstehen, ...
- Versetzen Sie sich bitte einmal in die Lage von ...
- Versuchen wir doch mal gemeinsam, die Situation vom Standpunkt ... aus zu betrachten.
- Können Sie bitte noch einmal zusammenfassen, was Ihnen wirklich wichtig ist/am wichtigsten ist und wie Sie es verstanden haben möchten?
- Wir sollten beide nach Gemeinsamkeiten suchen, statt die Unterschiede zu betonen.
- Können wir beide davon ausgehen, dass ...?
- Ich/wir möchte(n) Ihnen aufzeigen, ...
- Ich habe das Gefühl unsere Diskussion dreht sich im Kreis.
- Ich bin sicher, dass wir zu einer für beide Seiten akzeptablen Lösung kommen werden.
- Was tun wir eigentlich gerade? Kommen wir so weiter?
- Sicher werden Sie denken, ...
- Darf ich darauf aufmerksam machen ...?
- Bitte haben Sie Verständnis dafür, dass ...
- Wie wollen wir verbleiben? (sehr geeignet bei Verhandlungsabbruch oder Vertagung, beide Verhandlungspartner sollten sich, wenn auch nicht sofort, auf das nächste Treffen vorbereiten; sonst geht es im Geschehen genauso ratlos weiter, wie es einst geendet hat)
- Ich sehe hier wenig Verhandlungsspielraum. Bitte korrigieren Sie mich, wenn ich mich täusche.
- Könnten wir dies noch einmal überdenken/ aufgreifen?
- Wie heißt eigentlich das Problem? Könnte es damit zusammenhängen, dass ...?
- Sie engagieren sich ebenfalls sehr in diesem Punkt?

- Kommen wir noch einmal zum Ausgangspunkt zurück.
- Sicher werden Sie mir nicht sofort zustimmen. Jedoch erweist sich mein Vorschlag beim genaueren Hinsehen als ein annehmbarer Kompromiss.
- Ich möchte Sie bitten, ganz in Ruhe darüber nachzudenken und nicht vorschnell zu reagieren.
- Bekommen wir diese Punkte/Argumente/Ergebnisse noch einmal zusammengefasst?
- Um noch einmal auf unser gemeinsames Ziel zurückzukommen ...
- Sie schauen (noch) etwas ungläubig. Vielleicht sollten wir diesen Punkt doch etwas genauer besprechen.

> Über Beziehungen reden wir oft erst dann,
> wenn sie gestört sind.

- Ich achte Leute mit einem festen Standpunkt sehr, wenn „fest" nicht „starr" bedeutet.
- Wir sollten uns der Konsequenzen dieses Verhaltens/ Punktes ganz bewusst sein.
- Was Sie gerade ansprechen, ist sehr wichtig. Dieses Argument möchte ich anschließend unbedingt noch einmal aufgreifen.
- Wäre es für Sie nützlich, wenn ich/wir/Sie ...?
- Wenn es der Lösung dienlich ist, können wir gern ...
- Es tut mir leid, jedoch kann ich Ihnen in diesem Punkt nicht zustimmen, ...
- Ihre Situation klingt tatsächlich schwierig, jedoch gibt Ihnen das nicht das Recht ...
- Wie würden Sie an meiner Stelle auf eine solche Beleidigung reagieren?
- Wir stimmen doch sicher darin überein, dass ...
- Hier sind einige Vorwürfe enthalten, ich bedanke mich dennoch für Ihre Offenheit. Kritik kann unangenehm, aber auch sehr hilfreich sein.

- Sie stimmen mir sicher zu, dass ...
- Ich kann mir nicht vorstellen, dass es Ihre Absicht war, mich zu beleidigen. Sicher wollen Sie etwas Wichtiges loswerden, jedoch bitte nicht auf diese Weise.
- Ich höre, was Sie sagen.
- Wie ich anfing, mich mit diesem Thema zu beschäftigen, dachte ich ähnlich wie Sie. Im Laufe der Zeit habe ich aber ordentlich aufgeräumt mit einigen zu eiligen Schlüssen.
- Es liegt mir fern, Sie unabhängig von Ihrem Willen zu überzeugen.
- Ihre Frage könnte sein, ...
- Es geht Ihnen bestimmt durch den Kopf, dass ...
- Ich kenne das.
- Es ist uns, denke ich, beiden deutlich geworden, dass ...
- Ehrlich gesagt weiß ich nicht, ob ich das akzeptieren kann.
- Was gibt Ihnen Grund, so mit mir zu reden?
- Um ganz offen zu sein, ich fühle mich dabei ziemlich benachteiligt.
- Haben Sie einen Vorschlag, um weiter zu kommen?
- Ich habe das Gefühl, wir meinen nicht ganz dasselbe.
- Ich kann Ihren Standpunkt nicht nachvollziehen. Bitte erklären Sie ihn mir nochmals (im Detail).
- Wie kommen Sie zu dieser Ansicht? Der Gedanke wirkt sehr ungewöhnlich auf mich.
- Gegenseitige Beleidigungen bringen uns mit Sicherheit nicht voran.
- Ich kann es verstehen, ich kann es *nicht* akzeptieren.
- Die Situation scheint schwierig. Wie wollen wir das Problem lösen?

> Es ist eine hohe Kunst,
> eigene Gefühle in Worte zu kanalisieren.

ACHTUNG: Auch Streit birgt gewisse Anteile von Wertschätzung in sich. Erst, wenn mir der Gesprächspartner völlig egal ist, endet jede Achtung und: ... das Wörtchen „EGAL" geht immer zu Lasten des Partners!

4.4. Eine wichtige Fähigkeit - Zuhören

Miteinander reden kann misslingen, obwohl alle Beteiligten beste Absichten haben und guten Willens sind. Häufiger Grund dafür sind Informationsverluste bzw. -veränderungen. Der Sender muss sich jederzeit darüber bewusst sein, dass er für das korrekte Verstehen der Mitteilung beim Empfänger verantwortlich ist. Dies dürfte nicht so einfach sein. Auf den Punkt gebracht heißt das:

> Entscheidend ist im Gespräch das,
> was beim anderen ankommt
> und nicht jenes, was gesagt wurde.

Nehmen wir als Beispiel eine schlichte Anerkennung. Nehmen wir weiter an, es handelt sich um einen routinierten Ehemann, der nach dem Besuch eines Rhetorikseminars sowohl innerhalb seiner Führungsposition in der Firma als auch zu Hause deutlich mehr mit Lob arbeiten möchte. Da er das Anerkennen als Technik erlernt und nicht als innere Haltung entwickelt hat, lobt er nun auf Teufel komm 'raus.
Da seine Frau diesen Ansturm von Lob zumindest von ihm nicht gewöhnt ist, kann dies für sie eine schwierige Situation bedeuten: Wie soll sie es verstehen? Und ihre Reaktionen darauf können von Verwunderung über Skepsis bis zur Enttäuschung führen, woraufhin er sich sicher wundern dürfte usw. Ich möchte den Teufel nicht an die Wand malen, verweise jedoch deutlich auf die Tatsache, dass das, was vom Sender gesagt wird, nie

vollständig mit dem übereinstimmen *kann*, was der Empfänger versteht. Es handelt sich um zwei Schuhe eines Paares: zwei verschiedene Schuhe, jedoch ein und desselben Paares.

Betrachtet man die Information selbst und deren Konsequenzen für die Beziehung der Gesprächspartner, so ergeben sich bei der Informationsübertragung vier verschiedene Kategorien:

- gesendete, doch nicht empfangene Information (reiner Informationsverlust)
- gesendete, jedoch nicht verstandene Information (hier reicht die Palette von Missverständnissen bis hin zu schweren Beziehungsstörungen)
- gesendete und gleichzeitig verstandene Information (sehr gut, weiter so)
- empfangene, aber nicht gesendete Information („Wie bitte? Das habe ich nie gesagt!" Hier handelt es sich eher um Exformation als um Information.)

> Es gibt einige Möglichkeiten, sich nicht zu verstehen.
> Trotz bester Absichten, trotz guten Willens!

Eine Quelle für Nichtverstehen ist das einfache Missverständnis. Viele glauben, die Bedeutung eines Wortes wohnt dem Wort selbst inne. Richtig ist vielmehr, dass die Bedeutung erst vom Empfänger der Botschaft erzeugt wird (abhängig von seiner eigenen Wirklichkeit). Hierzu das folgende Beispiel über die „Genauigkeit" unserer Sprache:

„Zwei Freunde treffen sich zufällig nach langer Zeit auf der Straße. Sie beginnen sich auszutauschen, was in den letzten zwei Jahren in ihrem Leben alles geschah, und dabei entwickelte sich folgender Dialog:

Freund 1:   Ja und vor zehn Monaten habe ich geheiratet, aber leider starb meine Frau vor vier Wochen.

Freund 2:   Welche Tragödie! Was hat sie denn gehabt?

Freund 1:   Ein kleines Einzelhandelsgeschäft und ein paar Tausend Mark Festgeldanlagen.

Freund 2:	Nein, das meine ich nicht. Was hat ihr denn gefehlt?
Freund 1:	Na gut. Ein Bauplatz und das Geld, das Geschäft vernünftig auszubauen.
Freund 2:	Das meine ich doch nicht. An was ist sie denn gestorben?
Freund 1:	Ach so. Sie wollte in den Keller, um fürs Mittagessen Kartoffeln und Sauerkraut hoch zuholen. Dabei ist sie auf der Treppe gestürzt und hat sich das Genick gebrochen.
Freund 2:	Um Himmels Willen! Was habt ihr denn da gemacht?
Freund 1:	Nudeln."

(aus: BERNHARD TRENKLE: Das Ha-Handbuch der Psychotherapie. Witze - ganz im Ernst. Heidelberg, Carl-Auer-Systeme Verlag, 5. Auflage 2000)

Wir alle kennen die Mehrdeutigkeit von Worten, die uns gelegentlich schmunzeln lässt, manchmal aber auch die Sorgenfalten auf die Stirn treibt. Wenn Sie sich mit jemandem über ein gutes Essen unterhalten, kann „gut" für den einen etwas anderes bedeuten als für den anderen. **Kommunikation ist ständige Einigung.** Je ähnlicher unsere vergangenen Erfahrungen sind, um so eher „verstehen" wir unter gleichen Worten ähnliche Inhalte. Je verschiedener diese Erfahrungen jedoch sind, desto deutlicher müssen wir für uns Selbstverständliches erklären. So verhindern wir, dass der eine über Birnen und der andere über Obst redet.

Wie steht es mit der folgenden Aufforderung: „Sie bekommen von mir 5 Mark und sollen für 4 Mark 50 Rosen kaufen. Wie viel Geld bekomme ich nun von Ihnen zurück?"
Sie merken schon: Sprache ist immer auch eine Frage inhaltlicher, gedanklicher Zu-Ordnung. Diese kann von Mensch zu Mensch verschieden sein und muss nicht zwangsläufig übereinstimmen (Lösung: 1 Mark).

Ein gutes Vorbild

„Ein Mullah wollte seine Tochter vor den Gefahren des Lebens bewahren. Als die Zeit gekommen war und sie zu einer wahren Blume der Schönheit gedieh, nahm er sie zur Seite und klärte sie über die Gemeinheit und Hinterhältigkeit der Welt auf: „Liebe Tochter, denke an das, was ich dir sage. Alle Männer wollen nur das eine. Die Männer sind raffiniert und stellen Fallen, wo sie nur können. Du merkst gar nicht, wie du immer tiefer in den Sumpf ihrer Begierden versinkst. Ich will dir den Weg des Unglücks zeigen. Erst schwärmt der Mann von deinen Vorzügen und bewundert dich. Dann lädt er dich ein, mit ihm auszugehen. Dann kommt ihr an seinem Haus vorbei und er sagt dir, dass er nur seinen Mantel holen wolle. Er fragt dich, ob du ihn nicht in seine Wohnung begleiten möchtest. Oben lädt er dich zum Sitzen ein und bietet dir Tee an. Ihr hört gemeinsam Musik, und wenn die Stunde gekommen ist, wirft er sich plötzlich auf dich. Damit bist du geschändet, wir sind geschändet, deine Mutter und ich. Unsere Familie ist geschändet und unser Ansehen ist hin."
Die Tochter nahm sich die Worte des Vaters zu Herzen. Einige Zeit später kam sie stolz lächelnd auf ihren Vater zu: „Vati, bist du ein Prophet? Woher hast du bloß gewusst, wie sich alles abspielt? Es war genauso, wie du es beschrieben hast. Erst hat er meine Schönheit bewundert. Dann hat er mich eingeladen. Wie durch Zufall kamen wir an seinem Haus vorbei. Da merkte der Ärmste, dass er seinen Mantel vergessen hatte, und, um mich nicht allein zu lassen, bat er mich, ihn in seine Wohnung zu begleiten. Wie es der Anstand befiehlt, bot er mir Tee an und verschönte die Zeit mit herrlicher Musik. Nun dachte ich an deine Worte und ich wusste genau, was auf mich zukommt, aber du wirst sehen, ich bin würdig, deine Tochter zu sein. Als ich den Augenblick nahen fühlte, warf ich mich auf ihn und schändete ihn, seine Eltern, seine Familie, sein Ansehen und seinen guten Ruf!" *(NOSSRAT PESESCHKIAN, aus: Der Kaufmann*

und der Papagei. © *Fischer Taschenbuch Verlag GmbH, Frankfurt am Main, 1979)*

> Sind Sie nicht auch manchmal sauer,
> wenn der andere das versteht,
> was Sie gesagt haben und nicht jenes,
> was Sie gemeint haben?

Was Zuhören verhindern kann

- Während der andere spricht, überlegen wir bereits, wie und was wir ihm darauf entgegnen werden. In Gedanken bereiten wir die Gegenrede vor, damit wir unsere Position erfolgreich und intelligent „verteidigen".

- Die innere Ablehnung dieses Menschen. Unser polarer Verstand kann nicht gleichzeitig ablehnen und zuhören. Menschen, die einander zuhören, kämpfen nicht; Menschen, die kämpfen, hören nicht zu (FRITZ PERLS). Hören Sie lieber an, was der andere will, als ihm zu sagen, was ihm fehlt.

- Die Angst, dass wir mit Aussagen konfrontiert werden, mit denen wir in diesem Moment nichts anzufangen wissen. Bevor der andere uns sprachlos macht, kommen wir ihm zuvor. Wir argumentieren lieber, statt dem anderen wirklich zuzuhören. Mit Argumenten stehen wir gut da, wir machen Eindruck auf unseren Gesprächspartner, jedoch erreichen wir ihn oft nicht. (Eindruck ist auch eine Form von Druck: „gut dastehen zu wollen" auf der einen Seite und „seinem Gesprächspartner aktiv zuzuhören" auf der anderen Seite schließen sich nicht selten aus.)

- Ein wichtiger Aspekt ist das verschiedene Denken von Männern und Frauen. Entsprechend werden auch Worte unterschiedlich gebraucht: Sagt eine Frau z.B. während des Fernsehens zum Mann: „Wenn Du in die Küche gehst, bringe doch bitte ... mit", dann heißt das für ihn: Nur wenn ich auch wirklich in der Küche zu tun habe, bringe ich ... auch mit. Die Frau hatte es jedoch als eine höfliche Aufforderung gemeint. Hier passt auch die Frage der Frau hinein, ob er sie (noch) liebt. Mancher Mann wird diese Frage eher inhaltlich beantworten mit: „Na sonst wäre ich ja wohl nicht mehr hier". Die Frau wollte weniger eine inhaltliche Antwort, sondern dass er es ihr auch zeigt. Vielleicht wünscht sie sich nun zusätzlich, dass er es auch einmal von allein sagt und ohne ihre Aufforderung. Schon berühren wir die Falle der Paradoxie: Sollte er nämlich nun ihrer Aufforderung nachkommen, ist noch nicht klar, ob er dies deswegen tut, weil er sie liebt oder etwa, weil er schlicht ihre Aufforderung befolgt. Sie sehen: Reden hilft nicht in jedem Falle. Frauen sind wohl kommunikationsfreudiger als Männer. Auf die vielen Fragen der Frauen antworten Männer deshalb manchmal nur ungern und einsilbig.

- Ein weiterer Grund, der Zuhören erschwert, ist die fehlende Resonanz unserer Persönlichkeit oder Worte beim Gesprächspartner. Es gibt Menschen, in deren Gegenwart friert uns mancher Gedanke schon im Hals ein. Das kann so weit gehen, dass wir nicht klar denken können. Im vermeintlichen Wissen um die Widerlegung oder Ablehnung unserer Gedanken oder unserer Person fällt uns nichts Gescheites ein. Die sonst einfachsten Dinge kommen uns nicht in den Sinn, geschweige denn über unsere Lippen. Wie anders ist es, sind wir mit Menschen zusammen, mit denen wir gemeinsam Resonanz erzeugen: Wir könnten stundenlang zuhören, endlos reden und uns immer weiter in das Gespräch vertiefen. Manche Gedanken fallen uns nur in der Gegenwart be- stimmter Gesprächspartner ein. Kommunikation ist immer auch abhängig von jenen Menschen, mit denen wir gerade sprechen. Insofern fordern uns

Menschen unbewusst auf, in einer bestimmten Weise mit ihnen zu kommunizieren.

- Nun noch ein wesentlicher Grund: Wir verstehen sofort, wovon der andere redet und ersparen uns die Details, weil wir sie bereits zu wissen glauben. Hier kann das zu frühe Verstehen, das zu schnelle Einordnen der Informationen in vertraute Denkmuster dafür sorgen, dass wir nicht (mehr) zuhören. Nuancen gehen uns auf diese Weise verloren. Das folgende Sprichwort soll das genaue Nachfragen ermuntern: „Du kannst nicht zweimal im selben Fluss baden". Ein gesunder Mensch wird nicht zweimal in Folge dasselbe erzählen, sondern seine Aussage präzisieren.

- Schließlich kann es zum Nicht-Zuhören kommen, wenn der Sender ein Vokabular verwendet, das dem Empfänger ziemlich fremd ist. Wir sollten unsere Sprache dem Gesprächspartner anpassen. Das gilt auch für die Sprechgeschwindigkeit. Je öfter wir einen Gedanken geäußert haben, um so schneller kommt er uns in Zukunft über die Lippen. Fachjargon lässt unseren Gegenüber nicht selten dumm aus der Wäsche schauen. Die Verwendung von Fachtermini kann sogar beleidigend sein. Hat mein Gesprächspartner zu meinen Worten keine klare Vorstellung, kann er sich kein Bild machen, dann wird er den Inhalt auch nicht verstehen können.

- Manche Menschen signalisieren mit ihrer Sprache klar die Zugehörigkeit zu einer bestimmten Lobby, sie kennen sich sozusagen aus. Dies dient wohl eher der Stärkung der eigenen Machtposition als der Verständigung. Gelegentlich wird dem Gegenüber so signalisiert, dass er *nicht* „dazugehört". Die Botschaft kann lauten: „Du bist keiner von uns." oder „Du hast nicht halb so viel Einfluss wie ich." oder „Du bist auf mich angewiesen."

Nicht ganz ernst gemeinte Tipps zum Zuhören.

1. Überlegen Sie, während Ihr Gesprächspartner spricht, was Sie ihm entgegnen werden! Wenn Sie damit erst nach seinen Worten beginnen wollen, verlieren Sie nur Zeit.

2. Vermeiden Sie jede Form von Blickkontakt! Auf diese Weise werden Sie weder seine Körpersprache noch seine Beziehung zu Ihnen wahrnehmen. Zu viele Informationen auf einmal überfordern Sie nur.

3. Sollte Ihr Partner in ganzen Sätzen sprechen, dann unterbrechen Sie ihn rechtzeitig, sonst finden Sie noch heraus, worum es ihm in diesem Gespräch wirklich geht.

4. Lenken Sie sich gezielt ab! Nur so wird Ihr bisheriges Denken durch die neuen Informationen nicht in Frage gestellt. Ihr Weltbild bleibt stabil.

5. Suchen Sie von der ersten Minute an Gegen-argumente, um Ihre Kompetenz unter Beweis zu stellen! Suchen Sie prinzipiell nach Widersprüchen.

6. Wenn dies nicht helfen sollte, dann stellen Sie seine Persönlichkeit auf den Prüfstand: das wohl geeignetste Mittel dafür sind persönliche Angriffe.

7. Nutzen Sie solche Gespräche dazu, Ihr Selbstwert-gefühl zu erhöhen. Wenn Sie es schaffen, sich *über* diesen Menschen zu erheben, dann steigt damit Ihr eigenes Selbstvertrauen. Suchen Sie sich also bevorzugt Kommunikations–Partner, die schlechter sind als Sie.

8. Üben Sie sich gezielt in Fangfragen, die Ihren Partner im Unklaren lassen und nutzen Sie geschickte Suggestivfragen, damit er nicht so viel nachdenken muss. Er wird es Ihnen danken.

9. Verbrauchen Sie sich nicht! Ziehen Sie sich nicht zu viel Arbeit auf den Tisch! Delegieren Sie jede Form von Verantwortung weiter! Sie werden so feststellen, dass Sie für viele Gespräche der falsche Ansprechpartner sind. Teilen Sie das dem anderen nach dem Gespräch unüberhörbar mit.

Wie Sie gezielt zuhören können

Wer eine Information mitteilt, der *teilt* die Information mit seinem Gesprächspartner. Dieses Teilen ist nur möglich, wenn der Gebende sich auf wesentliche und prägnante Informationen beschränkt und der Nehmende zuhört.

- Sprechen Sie nicht zu viel, *lassen* Sie sprechen. Allein schon die Verteilung der Redeanteile beider am Gespräch Beteiligten gibt Hinweise über den Gesprächserfolg.
- Wiederholen Sie wesentliche Aussagen Ihres Partners in eigenen Worten. Dies ermöglicht dem anderen eine sofortige Korrektur oder Bestätigung. So schließen Sie Gesprächsabschnitte sicher ab.
- Fragen Sie gezielt nach. Ermuntern Sie Ihren Gesprächspartner, das Gesagte zu präzisieren, sich genauer auszudrücken. Im Zweifelsfall und gerade im Konflikt sind Fragen dem Sagen deutlich überlegen. (Achtung: Warum-Fragen können Rechtfertigungen provozieren.)
- Zeigen Sie Interesse an den Sichtweisen anderer Menschen, so sind Sie in den Augen dieser Menschen auch interessant („interessant" kommt von „Interesse").
- „Ansehen" kommt schließlich auch von „ansehen", schauen Sie Ihrem Gegenüber in die Augen. Die Augen eines Menschen sind gleichzeitig das Tor zur Seele wie auch das Tor zur Welt. Ein sicherer Blick-

kontakt schafft eine emotionale Brücke zu anderen Menschen.

- Achten Sie auf körpersprachliche Signale der Zustimmung oder Ablehnung bei Ihrem Gesprächspartner. Der körperliche Ausdruck wird sich öffnen (erweitern, vergrößern) oder verschließen (zusammenziehen, verkleinern).
- Lassen Sie sich nicht ablenken, weder vom (eigentlichen) Thema noch vom Gespräch selbst. Mangelnde Aufmerksamkeit kann der andere schnell als Desinteresse deuten.
- Versuchen Sie, sich in den Gesprächspartner hinein zu versetzen. Zuhören und Verstehen sind erlernbare Fähigkeiten und erfordern einiges Training. Wie sauer sind wir manchmal, wenn wir uns unverstanden fühlen und wie oberflächlich sind wir im Gegenzug beim Verstehen anderer Menschen?
- Lassen Sie den anderen zunächst ausreden. Gerade bei konträren Auffassungen neigen wir dazu, schnell zu unterbrechen, auch körpersprachlich. Könnten wir uns doch manchmal selbst beobachten. Wenn Sie Ihren Gesprächspartner unterbrechen, ist dies meist ein Zeichen der Nichtakzeptanz seiner Aussagen und/oder seiner Person.
- Schaffen Sie eine Atmosphäre, die den anderen ermuntert, sich in das Gespräch einzubringen. Wir denken gelegentlich, unsere langen Monologe motivieren und überzeugen.
- Suchen Sie Übereinstimmung. Je öfter Sie dies versuchen, um so mehr Raum bekommt die Chance einer Einigung. Hacken Sie nicht so sehr auf den Unterschieden in den Meinungen herum, damit machen Sie sie nur größer.

> Die Evolution gab dem Menschen zwei Ohren,
> aber nur eine Zunge.

5.1. Wie wir überzeugen

Frieden bedeutet nicht bloß Abwesenheit von Krieg;
er ist kein Zustand. Wir müssen Frieden *führen*,
und zwar ebenso wachsam, wie wir Krieg führen.

Der vierzehnte Dalai Lama

Manchmal ändern wir unsere Auffassungen widerstandslos. Sagt man uns jedoch, wir wären im Unrecht, dann weisen wir diese Anschuldigungen zurück und verhärten unsere Standpunkte. „Wie schnell und unglaublich leichtsinnig bilden wir uns oft eine Meinung, aber mit welcher Hartnäckigkeit treten wir für sie ein, wenn sie angegriffen wird. Wir hängen offenbar nicht so sehr an unseren Ansichten, als vielmehr an unserem Eigendünkel, den wir in Gefahr sehen ... Das Wörtchen „mein" ist das wichtigste in allen menschlichen Belangen, und richtig damit umzugehen, ist der Anfang aller Weisheit. Es hat dieselbe Macht, ob es sich nun um „mein" Essen, „meinen" Hund und „mein" Haus oder um „meinen" Vater, „mein" Land oder „meinen" Gott handelt. Wir verwahren uns nicht nur gegen die Behauptung, dass unsere Uhr nicht richtig geht ..., sondern auch dagegen, dass unsere Vorstellung von den Marskanälen, vom medizinischen Wert des Salizyls oder von der Regierungsdauer König Sargons I. anfechtbar sein könnte ... Es gefällt uns, weiter an unserer altvertrauten Meinung festzuhalten. Aus Kränkung darüber, dass jemand die Richtigkeit unserer Anschauung in Zweifel zieht, suchen wir nach jedem nur denkbaren Vorwand zu ihrer Verteidigung, mit dem Ergebnis, dass unsere sogenannten Diskussionen damit enden, dass wir weiterhin auf dem beharren, was wir schon immer geglaubt haben." *(aus: JAMES HARVEY ROBINSON: Die Schule des Denkens, Verlag des Druckhauses Tempelhof, Berlin 1949)*

Galilei sagte vor über 300 Jahren: „Man kann einen Menschen nichts lehren, man kann ihm nur helfen, es in sich selbst zu finden." Genauso verhält es sich mit Menschen, die wir zu etwas motivieren wollen. Von außen aufgesetzte Veränderung ist meist nur von kurzer Dauer. Sie erfolgt ohne innere Einsicht, nämlich nur, weil der andere es will. Das gesamte Repertoire von Macht(spielen) kann hier zur Anwendung kommen. Sie gewinnen die Menschen nicht wirklich für Ihre Ziele, solange Sie nicht auf deren Bedürfnisse, Interessen und Ziele eingehen. Das bedeutet auch, dass Ihr Gesprächspartner einen Vorteil darin sehen muss, sich mit Ihnen zu einigen. Überzeugen muß sich so nicht nur für Sie, sondern auch für Ihren Gesprächspartner lohnen. Dies vergessen noch manche Verkäufer klassischer Schule.

Oft unterliegen wir dem Trugschluss, dass etwas, was uns motiviert, auch andere Menschen motivieren müsste. Das kann durchaus zutreffen, beruht jedoch mehr auf Zufälligkeit.

Die ersten Fragen lauten für den zu Überzeugenden immer: *Muss* ich handeln oder *kann* ich handeln? Was habe ich davon? Wer hat eigentlich das Problem? Werden meine eigenen Ziele berührt (bestärkt oder bedroht)? Im Zweifelsfall beruht eine wirksame Beeinflussung nun stärker auf Ihrer überzeugenden Persönlichkeit als auf Technik. Denn in gleicher Weise fragt sich Ihr Gegenüber: Kann er mir gefährlich werden oder nützlich sein? ...

> Es fällt uns viel leichter, anzuweisen als zu überzeugen;
> ob bei Partnern, Kindern, Mitarbeitern oder Kunden.

Zunächst müssen Sie etwas in Erfahrung bringen über Ihren Gesprächspartner. Zeigen Sie dafür ehrliches Interesse. Was will die andere Seite, was will sie nicht? Was wäre ein guter Kompromiss? Worauf würde sich der Gesprächspartner einlassen, worauf nicht. Bevor Sie argumentieren, sammeln Sie hier schon mögliche Gegenargumente Ihres Gesprächspartners. So sind Sie deutlich zielgerichteter, statt mit der Stange im Nebel zu stochern. Sie erfahren, worum es dem anderen wirklich geht. Sie machen sehr gute Erfahrungen damit, die Bedenken und Zweifel Ihres Gesprächspartners ernst zu nehmen, auch wenn Dinge geäußert werden, die für Sie persönlich überhaupt kein

Hindernis darstellen würden. Das ist ja genau der Punkt: Gehen Sie nicht zu sehr von sich aus. Zuhören kann anstrengend sein, ist aber dringende Voraussetzung Ihres Vorgehens.

Beispiel:
Ein Geschäftsführer möchte für seine Firma ein neues Dienstfahrzeug kaufen. Dazu geht er in ein renommiertes Autohaus, erkundigt sich über ein Angebot in der gewünschten Preisklasse und zieht schließlich ein bestimmtes Fahrzeug in seine engere Wahl. Der Berater betont wieder und wieder die großartige Ausstattung, den damit verbundenen Komfort, ja sogar Luxus und die Tatsache, dass unser Kunde damit ordentlich Eindruck machen wird. Dies alles ist jedoch für unseren Kunden nicht von Priorität. Es schmeichelt ihm, zugegeben, jedoch verbindet er mit einem Auto in dieser Preisklasse in erster Linie *Sicherheit*. Dem Kunden geht es vordergründig darum, sicher von Ort A nach Ort B zu gelangen, da er viel unterwegs ist. Gelingt es diesem Berater nicht, die Bedürfnisse seines Kunden zu erkennen und konkret darauf einzugehen, kann es ihm passieren, er verkauft das Fahrzeug *nicht*, obwohl es für den Kunden in Frage käme. Auch Kommunikation wird zur Ware: wer handelt, der handelt. Der Kunde wird sich vielleicht in Gedanken ausmalen, wie man auf ihn eingeht, sollte eine Reklamation nötig werden: „Aber wenn das heute schon nicht klappt, ...?"
Viele Unternehmen haben bereits verstanden, dass die Kommunikation mit ihren Kunden und die damit verbundenen Beziehungen wichtige Wettbewerbsvorteile bieten. Bei zunehmend vergleichbaren Produkten und Dienstleistungen entscheidet im Zweifelsfall die bessere Kommunikation mit dem Kunden.

Wir neigen dazu, den anderen viel zu zeitig im Gespräch anzutexten. Wir reden und reden und wundern uns schließlich, dass beim anderen keine Bereitschaft wächst, auf unsere Forderungen und Wünsche einzugehen. Halten Sie sich zurück und hören Sie zunächst sehr genau hin.

> Entscheidend für eine wirksame Motivation
> Ihres Gegenüber, auf Sie einzugehen, sind
> *seine* Bedürfnisse und nicht Ihre.

Argumente haben einen äußerst begrenzten Nutzen, denn Ihr Verhandlungspartner hat mindestens ein Gegenargument mehr, als Sie an Argumenten zur Verfügung haben. Warum? Er kann Ausflüchte wählen oder Scheinargumente ins Spiel bringen. Er kann ohne jede Begründung ablehnen; d.h. er verfügt über eine deutlich bessere Ausgangsposition als Sie. Jedes Argument hat mindestens ein Gegenargument und schließlich können Sie niemanden zwingen, Ihre Argumente anzunehmen. Der Gesprächspartner entscheidet also selbst darüber, ob Ihre Aussagen richtig, gerechtfertigt oder angemessen sind, passend erscheinen usw.

„Argumente zielen auf Wahrheit und Recht, in Verhandlungen zählt jedoch Erfolg. Argumente greifen nur dort, wo Angeklagter und Richter verschiedene Personen sind, also vor Gericht. Wenn in außergerichtlichen Streitfällen mit Kunden, Lieferanten, Wettbewerbern, Behörden oder dem Betriebsrat Argumente vorgebracht werden, ist das der Theorie nach nicht unverständlich, weil viele Menschen in dem Glauben aufwachsen, beim Streit gehe es darum, herauszufinden, wer im Recht sei. Allerdings hat schon so mancher am eigenen Leib erfahren, dass nicht unbedingt der den außergerichtlichen Streit gewinnt, der im Recht ist, sondern jener, der besser verhandelt. In Kauf- und Verkaufsverhandlungen dagegen haben die Beteiligten auch der Theorie nach kaum Grund, Argumente vorzubringen, denn hier geht es wirklich nicht um Wahrheit oder Recht, sondern um Erfolg. Aber die Vorstellung, dass Erwachsene sich mit rationalen Argumenten auseinandersetzen, ist in westlichen Gesellschaften tief verwurzelt." *(aus: HEINZ-GEORG MACIOSZEK: Chruschtschows dritter Schuh, Ulysses GmbH, Hamburg 1995)*

5.2. Wenn mit Widerstand zu rechnen ist

Wir Menschen neigen dazu, bei Widerständen unserer Gesprächspartner unbewusst auf Druck umzuschalten und mehr Energie aufzuwenden, um sie zu überzeugen. Dabei bleiben die Mittel oft unverändert und der Druck führt nur zu mehr Gegendruck. Wir merken dabei nicht, dass wir zum Überreden übergehen und das Gegenteil erreichen nach dem Motto: „Bist du nicht willig, so brauch' ich Gewalt". Die bisherige Vorgehensweise wird intensiviert, der Druck wird erhöht. Sinnvoller wäre ein Überdenken der eigenen Strategie, um sie nötigenfalls zu ändern. Durchbrechen Sie den Kreislauf genau an der Stelle Ihrer bisherigen, nicht geglückten Lösungsansätze. Konzentrieren Sie sich nicht auf das Problem selbst, sondern auf jene bisher nicht gelungenen Versuche, das Problem in den Griff zu bekommen. Wie können Sie Ihr Verhalten so verändern, daß Sie eine andere, neue Reaktion Ihres Gesprächspartners hervorrufen?

Wie können Sie aus Widerstand Kooperation entwickeln?

Wie überzeugen Sie den anderen, ohne zu überreden? Dazu sollten Sie sich zunächst drei grundlegende Fragen beantworten:

1. Ist der andere überhaupt bereit, Ihnen zuzuhören?
2. Hat Ihr Gesprächspartner wirklich einen Vorteil davon, dass er Ihnen zuhört bzw. Sie ihn überzeugen?
3. Akzeptieren Sie den anderen auch dann, wenn er ablehnt?

Widerstände bei Gesprächspartnern sind oft abhängig vom eigenen Vorgehen. Noch immer verwechseln viele von uns gute

Kommunikation mit langen (missionarischen) Monologen. Wir schildern den anderen sehr genau unsere Ansichten, verzichten jedoch darauf, die Gedanken unserer Mitmenschen gezielt anzuhören. Dies ist deshalb nötig, weil wir nur auf dieser Grundlage aufbauen können, sonst gleicht unsere Gesprächsführung eher einem *Duolog* als einem *Dialog*. Wer jemanden überzeugen möchte, muss dessen Denkweise kennen, um daran anzuknüpfen. Da wir zu großen Anteilen sagen (statt zu fragen), wissen wir nicht einmal ansatzweise um die Beweggründe unserer Gesprächspartner. Je interessierter diese bereit sind, uns zuzuhören, desto eher nennen wir es „gute Kommunikation". Dabei entgeht uns leider, dass sie innerlich schon lange auf „stur" geschaltet haben, dass ihr NEIN bereits unumstößlich feststeht, dass sie ihren Blick auf unendlich und die Ohren auf Durchzug gestellt haben. Auch das ist eine Form des Widerstandes, nur „höflicher".

Kann es sein, dass wir unsere Gesprächspartner gelegentlich zum Widerstand auffordern? Gehen wir tatsächlich auf ihre Wirklichkeit ein? So lange sie sich nicht angesprochen und gemeint fühlen, nenne man dies bitte nicht Gespräch. Widerstand auf der Beziehungsebene ist oft „hausgemacht". Dagegen hat der Widerstand auf der Inhaltsebene eine ganz andere Bedeutung. *Ein*wände unterscheiden sich klar von *Vor*wänden und haben mit dem Sachverhalt selbst zu tun. Hier empfiehlt es sich, so genau wie möglich zu erfahren, wo das Problem sitzt. Dies kann erfolgen, indem wir mit Fragen arbeiten. Wenn Sie tatsächlich Interesse an den Sichtweisen der Gesprächspartner haben, ermuntern Sie sie, weiter zu sprechen. Ständiges Unterbrechen signalisiert Nichtakzeptanz und nicht akzeptierte bzw. nicht gehörte Argumente bekommen Sie *immer wieder* zu hören. Gehen Sie auf die Aussagen ein und versuchen Sie, diese so sachlich wie möglich nachzuvollziehen. Erst dann, wenn Sie sicher sind, dass Sie das Gesagte ausreichend verstanden haben, bearbeiten Sie diese Widerstände. Erst jetzt und keine Minute eher hat der Einsatz Ihrer Argumente überzeugende Wirkung. Wiederholen Sie den anderen Standpunkt noch einmal mit Ihren eigenen Worten. Oft haben wir Angst davor. Das spricht ja für den anderen. Beim genaueren Analysieren stellen Sie fest, dass es jedoch in mindestens gleicher Weise von professioneller Gesprächsführung zeugt. Nichts ist für uns angenehmer, als uns verstanden zu fühlen, als unsere Worte noch einmal aus dem Mund des Gesprächspartners zu hören. Dies stabilisiert unser Selbstwertgefühl.

Übrigens ist mit einem solchen Vorgehen das Gesprächs-Ende prinzipiell offen. Stünde bereits vorher fest, wer den anderen mit seinen Ansichten besser und überzeugender gewinnen kann, dann wäre es nicht wirklich ein Gespräch.

> Wenn Sie den Wert eines Menschen bestätigen,
> entwickelt er schnell Vertrauen zu Ihnen.

Sonne und Wind

„Der Wind und die Sonne stritten sich, wer es wohl schaffen würde, den einsamen Wanderer dazu zu bringen, seinen Mantel auszuziehen. Der Wind blies und stürmte und der arme Mann zog seinen Mantel immer fester um seinen Leib. Dann war die Sonne dran. Liebevoll sandte sie ihre Strahlen aus und schon bald öffnete der Mann den obersten Mantelknopf und kurze Zeit später zog er den Mantel aus." *(MARLENE BERCHTHOLD in: Der Vera F. Birkenbihl - Brief, Ausgabe März 2000, Aktuell Verlag im Olzog Verlag GmbH München)*

Diese Geschichte zeigt uns bildhaft den Erfolg von „mit" und „gegen". Die starken Energien des Windes stoßen auf den Widerstand des Wanderers, der seinen Mantel nur noch fester zuhält. Die Sonne beendet den „Kampf" und nimmt dem Wanderer eine Gegenreaktion. Wo das „gegen" wegfällt, ist ein Widerstand unnötig.

Wie zeigt sich das in der Praxis?

Eine Sachbearbeiterin spürt im Gespräch sehr schnell, dass die Kundin ihre Worte anzweifelt und nach der Vorgesetzten verlangen wird. Daher lässt sie es nicht so weit kommen, dass die Kundin diesen Wunsch aussprechen muss, sondern reagiert darauf, bevor man überhaupt von einer Re-Aktion sprechen kann: „Sollten Sie zu diesem Problem mit meiner Chefin reden wollen, so ist das natürlich möglich. Ich werde sie anrufen und fragen, ob sie einen Moment Zeit hat." Die Kundin schaut unsere Sachbearbeiterin erstaunt an und erwidert: „Nein, das ist nicht nötig. *Ich glaube Ihnen das schon.*" Nehmen Sie Widerstände bitte in jedem Falle ernst und machen Sie diese zum Thema, bevor es andere tun. Wir geraten sonst schnell in einen Rechtfertigungsdruck. Plumpes Widerlegen (z.B.: „Meine Chefin wird Ihnen auch nichts anderes sagen:") erhöht die Tendenz des Widerstandes bei unseren Gesprächspartnern.

5.3. Die Kraft des Schwächeren

Haben Sie schon einmal einen Redner gesehen, der sämtliche rhetorische Regeln dieser Welt zu kennen und zu beherrschen glaubt? Kam er gut bei Ihnen an? Kennen Sie Leute, die glauben, alles richtig zu machen? Sind diese Leute bei Ihnen beliebt? Mögen Sie jemanden, der fortlaufend erzählt, wie clever er ist? Perfektion kann uns ganz schön erschrecken, stimmt's?

Manchmal merken wir nicht, wie wir andere Menschen abschrecken und die Distanz zu ihnen vergrößern. Wir überzeugen sie von unserer Klugheit und schaffen damit eine Beziehung zu ihnen, in der sie sich nicht besonders wertvoll fühlen können. Auch dies bedeutet eine Gefährdung des Selbstwertgefühls unserer Gesprächspartner, indirekt diesmal, aber eine potenzielle Gefahr. Sie selbst fühlen sich vielleicht recht wohl dabei, aber unbewusst provozieren Sie einen Vergleich, der in einer Eskalation enden oder den anderen veranlassen kann, Sie als Hochstapler „einzustufen". Beides ist Ihrem Gesprächserfolg nicht zuträglich.

> Wer sich erhöht, wird erniedrigt.
> Wer sich erniedrigt, wird erhöht.

Geben Sie sich in einem wichtigen Gespräch nicht zu clever. Dies erzeugt sofort Rivalität und macht Sie angreifbar. Der andere sucht nun unbewusst nach Beweisen dafür, dass Sie nicht so gut sein können, wie Sie sich geben. Machen Sie es genau entgegengesetzt: machen Sie sich ein wenig kleiner, dann sind die Menschen schnell bereit, Ihnen zu helfen und auf Sie einzugehen.

„Wie klug war doch Columbo, sich dumm zu stellen. Ihm halfen sogar die Mörder. Geben Sie den Leuten, mit denen Sie verhandeln das Gefühl, dass Sie für jene keine Konkurrenz, keine Bedrohung darstellen." *(ROGER DAWSON: Die Geheimnisse des erfolgreichen Verhandelns, J.F.B. Bornhorst GmbH)*

Achten Sie das Selbstwertgefühl Ihres Partners. Verhandeln Sie ruhig aus einer Position der Schwäche heraus. Der andere kommt nun automatisch in die Rolle des Mächtigeren, Überlegenen und wird seine Stärke dadurch zum Ausdruck bringen, dass er Sie *eben nicht* bekämpft (wozu auch?), sondern akzeptiert. Selbst in harten wirtschaftlichen Verhandlungen ist es unsinnig, die Macht des Mächtigen anzuzweifeln.
Die Folgen dieses vermeintlichen „Verlierens" liegen auf der Hand. Ihr Verhandlungspartner wird sich nichts vergeben, Ihrer Darstellung zumindest Gehör zu verschaffen. Ähnlich ist es im Streit: „Streiten Sie nicht mit dem Verhandlungspartner. Viele von uns tun es dennoch, aber sehr unbedacht. Wenn Leute Einwände gegen einen unserer Meinung nach guten Vorschlag erheben, widersprechen wir oft und versuchen, sie vom Gegenteil zu überzeugen. Aber das ist die falsche Methode. Stimmen Sie oft überein. Widerspruch zwingt die Menschen dazu, ihre Position zu verteidigen. Zustimmung dagegen nimmt ihnen den

Kampfgeist." *(ROGER DAWSON: Die Geheimnisse des erfolgreichen Verhandelns, J.F.B. Bornhorst GmbH)*
Einwände signalisieren immerhin Gesprächsbereitschaft, die Leute hören uns zu. Jemand, der innerlich oder sichtbar bereits „abgeschaltet" hat, wird keine Widerstände äußern.

Sollten Sie Ihr Ego doch ein wenig aufbessern wollen, dann brüsten Sie sich in der Gegenwart anderer Menschen ausschließlich mit der Meisterung des Augenblickes. Alles andere kann Ihr Gesprächspartner nicht nachvollziehen, nicht prüfen und nicht verstehen. Und wenn Sie den Augenblick wirklich *meistern*, brauchen Sie auch nicht darüber zu reden. Arroganz ist schließlich der Gipfel der Dummheit. Fahrlässiger können Sie Beziehungen nicht (zer)stören.

> Mit einer Entschuldigung erreichen Sie oft
> deutlich mehr als mit einer Rechtfertigung.

5.4. Beispiele für kreative Kommunikation

Behandelt Menschen so,
als ob sie schon so wären, wie ihr sie haben wollt –
es ist der einzige Weg, sie dazu zu machen.

Johann Wolfgang von Goethe

Schwäche oder Stärke?

Ein Student jobbt in einer Spedition im Hamburger Hafen. Er ist von eher schmächtiger Natur. Zunächst lädt er seinen LKW voll schwerer Kisten, um sie schließlich allein und ohne technische Hilfe im Hamburger Hafen wieder zu entladen.

Beim Anliefern wird er von zwei großen und kräftig gebauten Hafenarbeiten beobachtet, die grinsend den Abladevorgang erwarten. Sicher bereitet es ihnen einige Freude, dabei zuzusehen, wie sich unser Student abmühen wird.

Der Student geht auf das Verhalten geschickt ein. Er zerrt mit angestrengtem Gesicht an den Kisten, als könne er sie kaum bewegen. Daraufhin erbarmen sich die Hafenarbeiter: "Geh' mal zur Seite Kleiner, wir zeigen dir mal, wie so etwas geht", und entladen voller Stolz, ihre Kraft zur Schau stellen zu dürfen, zunächst zwei, dann drei und im weiteren Verlauf schließlich alle Kisten, während sich der Student in Lob und Bewunderung nicht zurückhält. In dieser Geschichte haben alle gewonnen und sicher niemand verloren.

Eine besonders erfolgreiche Idee

„Ein Anhalter steht an der Autobahn Richtung München und hält ein Schild „Hamburg" hoch. Ein Fahrer hält an, um ihn auf seinen Irrtum hinzuweisen. Der junge Mann möchte trotzdem ein Stück mitgenommen werden." Ja, wollen Sie denn nicht nach Hamburg?" fragt der Fahrer. "Nein, ich will nach München. Wenn ich das falsche Schild hochhalte, stoppt immer jemand, um mich auf meinen Fehler aufmerksam zu machen. Und meistens nehmen mich die Leute dann ein Stück mit." Was auch in diesem Fall geschah.

Dem Anhalter ist ein wahrer Geniestreich gelungen. Statt an Hilfsbereitschaft und Barmherzigkeit zu appellieren, gibt er den Vorbeifahrenden Gelegenheit, weniger noble Neigungen wie Rechthaberei und Besserwisserei auszuleben.

Gleichzeitig stellt er ihnen eine Falle. Wenn sie anhalten, erfahren sie zunächst die Genugtuung der guten Tat; sie bewahren einen armen Teufel vor Schaden. Darüber hinaus verstärkt sich ihre Vorstellung von sich selbst als guten Menschen durch den Gedanken: „Selbstverständlich würde ich ihn mitnehmen, wenn wir dasselbe Ziel hätten."

In dem Moment, in dem sie die wahren Absichten des Anhalters erfahren, werden sie kalt erwischt. Wenn sie ihn abweisen, bleibt als Motiv für die Unterbrechung ihrer Reise nur die Belehrung eines Trottels, also die Demonstration von Überlegenheit, was nicht als altruistischer Beweggrund gilt. Nur wenn sie ihn mitnehmen, können die das gerade entstehende Selbstbild eines freundlichen Helfers aufrecht erhalten. Lediglich geübte Rohlinge oder versierte Zyniker bringen es in einer solchen Situation fertig, die Hilfeleistung ungerührt abzulehnen. Viele andere entscheiden sich in Ermangelung einer schlagfertigen Ausrede zähneknirschend für die gute Tat.

In aller Regel sind Begegnungen zwischen Spender und Bittsteller dadurch gekennzeichnet, dass der Spender sich aufgrund eines besonderen Anstoßes zur Mildtätigkeit bewegen lässt. Der Anhalter dagegen bringt das Kunststück fertig, den Helfer in eine Situation zu manövrieren, in der dieser eines besonderen Grundes bedarf, *nicht* hilfsbereit zu sein. Wahrlich eine bewundernswerte Leistung." *(aus HEINZ-GEORG MACIOSZEK: Chruschtschows dritter Schuh, Ulysses GmbH Hamburg 1995)*

Schmale Straße oder schmales Denken?

... Torsten empfahl Michael auch die Abkürzung von der Autobahn und diese war wirklich genial. Damit würde Michael nun mindestens 20 Minuten Fahrzeit *ein*sparen und sich zwei Dauerstaus auf seinem Heimweg *er*sparen. Die Straße hatte jedoch einen Haken: sie ist so schmal, dass zwei Autos nur mit Mühe aneinander vorbeifahren und passieren können, Gegenverkehr wird also zum Problem. Torsten gab allerdings noch einen wichtigen Tipp: „Fahr' am besten sehr zügig und mit Aufblendlicht, damit wirst du die Entgegenkommenden schon zum Halten bringen. So kommst du am besten durch."

Michael hielt sich einige Zeit an diesen Rat, kam mal besser, mal schlechter voran – musste sich jedoch ständig über Autofahrer ärgern, die ihm sehr rasant entgegen kamen und völlig rücksichtslos an ihm vorbei „rauschten", dass ihm nur übrig blieb, stark zu bremsen und äußerst rechts anzuhalten. (Sie verhielten sich genauso wie er.) Obwohl Michael eine neue Möglichkeit der Zeitersparnis hatte, kam er häufig gereizt und verärgert zu Hause an, was sich zunehmend auf seine Familie auswirkte.

Irgendwann begriff er, in welche Illusion er geraten war, dass er nämlich mit dieser Maßnahme zwar seine Fahrzeit deutlich reduzierte, aber auf der anderen Seite seinen Ärger gleichzeitig steigerte. Michael definierte das „gewinnen wollen" für sich neu, fuhr seitdem rücksichtsvoller und ließ den Gegenverkehr öfter „ohne Machtkampf" passieren. Er verlor damit ein wenig Zeit, jedoch genoss er die Dankbarkeit mancher Autofahrer und nahm dieses Gefühl mit nach Hause. Wenn wir Menschen in eine Position versetzen können, uns dankbar zu sein, so tut es nicht nur anderen, sondern auch uns selbst sehr gut.

Das Missgeschick

Einem Entsorgungs-Unternehmen ist beim Abpumpen einer Klärgrube ein peinlicher Fehler unterlaufen. Der Schlauch löste sich vom Wagen und ein großer Teil des Abwassers lief in die Toreinfahrt eines Privatgrundstückes. Der verantwortliche Mitarbeiter schlug gemeinsam mit der anwesenden Hausbesitzerin alle Hände über dem Kopf zusammen und entschuldigte sich zunächst in aller Form. Nun hieß es, schnell zu handeln. In kürzester Zeit war die Technik vor Ort, den materiellen Schaden zu beheben, doch wie ging er mit dem ideellen Schaden um?

Er wusste, dass die Familie auf ihrem Grundstück in zwei Tagen ein Jubiläum feiern würde. Stellen wir uns vor, dass die Gäste aufgrund des penetranten Geruchs die Nase rümpfen werden und wahrscheinlich keinen Bissen hinunter bekommen. Der Mitarbeiter entschied sofort, der Familie ein kleines Geschenk zu überreichen. Er kaufte eine Flasche Champagner und einen Bund Petersilie, bekundete noch einmal sein Bedauern über dieses Missgeschick und sagte: „Bitte entschuldigen Sie unseren Fehler. Wir werden alles tun, um ihn in kürzester Zeit zu beheben. Der Champagner ist zum Vergessen und die Petersilie zum Anpflanzen, *gedüngt ist ja nun schon*". Die Frau sah ihn erstaunt an, brachte ein entzücktes Lächeln über die Lippen und konnte die Situation fortan etwas entspannter betrachten.

Dieses Vorgehen setzt ein großes Maß an Menschenkenntnis voraus. Nur einen einzigen Zentimeter daneben ist diese Lösung eine grandiose Beleidigung.

Die Magie der Sprache

„Eine Polizistin wird durch einen Notruf zur Schlichtung einer häuslichen gewalttätigen Auseinandersetzung gerufen. Da sie weiß, dass solche Situationen gefährlich werden können, ist sie auf der Hut. Menschen wollen insbesondere dann, wenn sie gewalttätig und wütend sind, nicht, dass sich die Polizei in ihre Familienangelegenheiten einmischt. Als die Polizistin sich dem Haus nähert, hört sie das Gebrüll eines Mannes und das Zerbersten von Gegenständen sowie die Schreckensschreie einer Frau. Plötzlich fliegt ein Fernsehgerät durch das zur Straße gelegene Fenster des Hauses und fällt vor ihr krachend zu Boden. Die Polizistin eilt zur Tür und klopft so laut sie kann. Von innen ertönt das wütende Gebrüll eines Mannes: „Wer zum Teufel ist da!" Nachdem die Polizistin einen Blick auf die Einzelteile des völlig zerschmetterten Fernsehgeräts geworfen hat, platzt es aus ihr heraus: „Der Fernsehreparaturservice." Einen Augenblick lang herrscht im Inneren des Hauses Totenstille. Dann lacht der Mann laut los. Er öffnet die Tür, und die Polizistin kann die Situation so beeinflussen, dass es zu keinen weiteren Gewalttätigkeiten und körperlichen Auseinandersetzungen mehr kommt. Später berichtet sie, jene beiden entscheidenden Worte seien ihr mindestens so nützlich gewesen wie eine monatelange Nahkampfausbildung." *(ROBERT B. DILTS, Die Magie der Sprache. Paderborn: Junfermann 2001)*

Der Pilot

„Ein berühmter Pilot stellte voller Schrecken fest, dass kurz nach dem Start beide Motoren aussetzten. Zwar glückte ihm eine verwegene Notlandung, bei der niemand ernsthaft verletzt wurde, aber das Flugzeug hatte schwer gelitten. Während der Krise hatte sich dem Piloten ein Verdacht aufgedrängt, nun stieg er aus, prüfte und stellte fest, dass sein Verdacht sich bestätigt hatte: Man hatte ihm vor dem Abflug in San Diego den falschen Treibstoff getankt. Also hatte *menschliches Versagen* ihn und seine Passagiere in Todesgefahr gebracht! Ein läppischer und durchaus vermeidbarer Fehler! ... Sie können sich seinen Zorn sicher ausmalen. Versetzen sie sich also in die Lage des Piloten: Sie kehren sofort zum Flugplatz San Diego zurück und verlangen, den zuständigen Techniker zu sprechen. Der noch junge Fachmann kommt auch gleich angerannt; er ist bereits informiert und hat begriffen, dass er den falschen Sprit getankt hatte. Tränen laufen ihm übers Gesicht; er ist völlig verzweifelt, dass sein Fehler beinahe Menschen getötet sowie den Verlust eines teuren Flugzeuges verschuldet hatte.

Zu viele Menschen würden den armen Hund jetzt so richtig in die Pfanne hauen. Nach dem Motto: „Was haben Sie sich denn dabei gedacht - falls Sie überhaupt dabei gedacht haben?!" und ähnlich. Aber der Pilot, dem diese Story wirklich widerfahren war, reagierte ganz anders, wie uns *DALE CARNEGIE* in seinem Weltbestseller „Wie man Freunde gewinnt" berichtet:

Der Pilot kanzelte den Mechaniker nicht ab; er tadelte ihn nicht einmal. Statt dessen legte er ihm den Arm um die Schultern und sagte: "Damit Sie sehen, dass ich weiß, dass Ihnen so etwas nie mehr passieren wird, möchte ich Sie bitten, morgen meine F-51 aufzutanken."

Merke: Aus dieser Story können wir eine Lehre ziehen, die unser gesamtes zukünftiges Leben dramatisch verändern kann! Wir können diesen Piloten ganz bewusst als *Modell* für unser zukünftiges Verhalten auswählen. Wir können uns *vorstellen*, dass wir in ähnlichen Situationen ähnlich souverän reagieren! Insbesondere, wenn uns klar ist, dass die meisten Fehler im Alltag weit weniger schwerwiegende Konsequenzen nach sich ziehen." *(Aus: „Warum wir andere in die Pfanne hauen" Autorin: Vera F. Birkenbihl © 1992, mvg-verlag, Landsberg am Lech)*

Befehl ist Befehl, oder?

„Während einer der im 19. Jahrhundert häufigen Unruhen in Paris erhielt der Kommandant einer Gardeabteilung den Befehl, einen Platz durch Gebrauch der Schusswaffe von der dort demonstrierenden Kanaille zu räumen. Er befahl seinen Leuten, durchzuladen und die Gewehre auf die Demonstranten anzuschlagen. Während die Menge vor Entsetzen erstarrte, zog er seinen Säbel und rief mit schallender Stimme: "Mesdames, Messieurs, ich habe den Befehl, auf die Kanaille zu schießen. Da ich vor mir aber eine große Anzahl ehrenwerter Bürger sehe, bitte ich Sie, wegzugehen, damit ich ungehindert auf die Kanaille feuern kann." Der Platz war in wenigen Minuten leer."

(Aus: PAUL WATZLAWICK, JOHN H. WEAKLAND, RICHARD FISCH: Lösungen, Verlag Hans Huber, Bern Stuttgart Toronto, 4. Auflage 1988)

So eine Sch...

Viele von uns kennen wahrscheinlich das Verhalten Vierjähriger, die irgendwann in ihrem noch jungen Leben anfangen, das letzte Wort zu haben, Recht zu haben usw.

Die Sprache der Eltern wird regelmäßig auf Worte untersucht, die das Kind eigentlich nicht verwenden darf. Eines dieser Worte fängt mit „Sch..." an, gelegentlich rutscht es uns heraus und im Beisein des Kindes wird es sofort in *der* Weise zum Thema, wie die Eltern es bis dahin erfolgreich tabuisiert haben. Was tun, wenn das Kind rebelliert gegen die Benutzung des Wortes durch die Eltern, die doch regelmäßig darauf verweisen, dass es nicht benutzt werden darf?

Wie es der Mutter herausplatzte und das Kind sofort in vorwurfsvollem Ton ruft: „Das sagt man nicht!", fiel ihr nichts anderes ein, als dem Kind zuzustimmen und *sich selbst zu tadeln*: „Stimmt, du hast Recht. Da muss die Mama wirklich aufpassen. Natürlich sagt man das nicht und das gilt auch für die Mama."

Die sanfte Kunst des Umdeutens

„Es ist Samstagnachmittag, Freizeit für alle Jungen, außer Tom Sawyer, der dazu verurteilt ist, einen dreißig Meter langen, neun Fuß hohen Zaun zu tünchen. Das Leben scheint ihm öde, das Dasein eine Last. Es ist nicht nur die Arbeit, die er unerträglich findet, sondern besonders der Gedanke an alle Jungen, die vorbeikommen und ihn auslachen werden, weil er zu arbeiten hat. In diesem dunklen, hoffnungslosen Moment, erklärt Mark Twain, kommt Tom eine Eingebung. Eine große, eine herrliche Eingebung! Und kurz darauf schon nähert sich ein Junge, Ben, dessen Spott er von allen am meisten gefürchtet hatte:

„Hallo, alter Knabe, Strafarbeit, ja?"

„Ach, du bist's, Ben, ich hab' gar nicht aufgepasst!"

„Hör' du, ich geh' schwimmen, willst du vielleicht mit? Aber du arbeitest ja lieber, natürlich, du bleibst viel lieber da, stimmt's?"

Tom maß ihn erstaunt von oben bis unten: „Was nennst du eigentlich arbeiten?"

„W-was? Ist das keine Arbeit?"

Tom tauchte seinen Pinsel wieder ein und bemerkte gleichgültig: „Vielleicht - vielleicht auch nicht! Ich weiß nur soviel, dass es dem Tom Sawyer passt."

„Na, du willst mir doch nicht weismachen, dass du's zum Vergnügen tust?"

Der Pinsel strich und strich. „Zum Vergnügen? Na, ich seh' nicht ein, warum nicht. Kann unsereiner denn alle Tage 'nen Zaun anstreichen?"

Das warf nun ein neues Licht auf die Sache. Ben überlegte und knupperte an seinem Apfel. Tom fuhr sachte mit seinem Pinsel hin und her, trat dann zurück, um die Wirkung zu prüfen, besserte hier und da noch etwas nach, prüfte wieder, alles ohne sich im geringsten um Ben zu kümmern. Dieser verfolgte jede Bewegung, eifriger und eifriger mit steigendem Interesse. Plötzlich sagte er: „Du, Tom, lass mich ein bisschen streichen!"

Gegen Mitte Nachmittag hat der Zaun drei Lagen Tünche, und Tom schwimmt in Reichtum: für das Privileg, einen Teil des Zauns tünchen zu dürfen, hat sich ein Junge nach dem anderen von seinen Kostbarkeiten getrennt. Es ist Tom gelungen, harte Arbeit als ein Vergnügen hinzustellen, für das man zu zahlen hat, und seine Freunde haben wie ein Mann diese Umdefinierung der Wirklichkeit angenommen." *(Aus: PAUL WATZLAWICK, JOHN H. WEAKLAND, RICHARD FISCH: Lösungen, Verlag Hans Huber, Bern Stuttgart Toronto, 4. Auflage 1988)*

Eine weitere geniale Geschichte:

„Der Kommandant einer österreichischen Abteilung hat Befehl, Repressalien gegen ein albanisches Dorf durchzuführen, falls sich die Dorfbewohner nicht verpflichten, gewissen österreichischen Forderungen voll nachzukommen. Glücklicherweise spricht keiner der Soldaten Albanisch, noch verstehen die Bewohner des Dorfes auch nur eine der vielen Sprachen, die im ethnischen Mischmasch der k. und k. Armee gesprochen werden. Endlich findet sich ein Dolmetscher - ein Mann, reich an praktischem Verständnis der menschlichen Natur. Und da ist kaum ein einziger Satz in dem ganzen langen Palaver, den er wahrheitsgetreu übersetzt. Vielmehr erzählt er jeder der beiden Seiten nur das, was sie von der anderen hören will oder anzunehmen bereit ist, schiebt hier eine kleine Drohung, dort die Andeutung eines Versprechens ein, bis schließlich beide Seiten die andere so vernünftig finden, dass der österreichische Offizier keinen Grund für Repressalien mehr sieht, während die Dorfbewohner ihn nicht gehen lassen, bis er gewisse Abschiedsgeschenke annimmt, von denen er wiederum glaubt, es handle sich um freiwillige Wiedergutmachungen." *(aus: PAUL WATZLAWICK, Wie wirklich ist die Wirklichkeit? © Piper Verlag GmbH, München 1976)*

Kraft gegen Worte oder: Die Kraft der Worte

Ich hatte vor einigen Jahren ein Erlebnis, was sich tief in mein Gedächtnis eingegraben hat. Sie wissen ja: je emotionaler ein Ereignis besetzt ist, so sicherer bleibt es Teil unserer lebenslangen Erinnerung.
Ich fuhr mit meinem Auto innerhalb einer „Tempo-30-Zone" und suchte mir auf der anderen Straßenseite einen Parkplatz. Es handelt sich um jene Art Parkplätze, die in einem Winkel von 90 Grad wie die Zinken eines Kammes an der Straße angeordnet

sind. Ich prüfte, ob die Gegenfahrbahn frei ist (da ich diese überqueren musste), habe schon fast eingeparkt, als auf der Gegenspur ein Fahrzeug knapp neben mir eine Vollbremsung absolvierte. Der Schreck saß tief, hatte ich mich doch vergewissert, dass die Spur auch wirklich frei war. Da der Fahrer aus einer Einmündung (mit guter Sicht zumindest nach links und Vollgas) auf die Hauptstraße nach rechts aufbog, war 20 Meter weiter jeder vom anderen völlig überrascht.

Nun parkte ich ein, der Fahrer des anderen Autos jedoch fuhr mit Vollgas und einer weiteren „heißen" Bremsspur in einen der anderen freien Parkplätze. Als ich aussteigen wollte und hinüber sah, packte mich das Entsetzen: der Fahrer tobte und wütete derart heftig, dass ich annahm, er entschied sich extra meinetwegen und der Tatsache, dass ich ihn zum Stehen gebracht hatte, für eine kleine „Pause".

Die nun folgenden Szenen müssen sich in Sekunden abgespielt haben, mein Zeitempfinden war im Zustand akuter Bedrohung sicher verzerrt. Mann sprang aus dem Auto, schrie laut in meine Richtung, entfaltete seine ganze Größe und rannte genau auf mich zu. Sein Körperbau ließ mich deutlich erkennen, dass er einige Stunden täglich in den Aufbau seiner Muskeln investierte. Blitzschnell kam mir der Gedanke der Flucht, aber es war schon zu spät. Dafür lief er viel zu schnell. In diesem Moment wagte ich schließlich die „Flucht nach vorn", nahm allen Mut zusammen, lief ihm ebenfalls entgegen und redete unüberhörbar auf ihn ein: „Ich kann es kaum fassen, dass Sie so blitzschnell reagiert haben. So eine brillante Reaktion habe ich überhaupt noch nicht erlebt. Hätten Sie nicht so genial gebremst, wäre mit Sicherheit etwas passiert. Ich nehme an, die Autos wären Schrott, ganz zu schweigen von uns beiden. Sind Sie Stuntman von Beruf, der seine Kräfte mit seinen Sinnen so perfekt abstimmen kann? Das kann man doch unmöglich lernen. Ich kann mich bei Ihnen nur bedanken. Danke, dass Sie uns wahrscheinlich das Leben gerettet haben. Danke, dass Sie blitzschnell und geistesgegenwärtig reagiert haben. Danke, Danke, Danke."

Ich habe es einfach ignoriert, dass er aufgebracht und sauer war. Ich habe weitergeredet, weil ich wusste, im „Kräftemessen" gegen ihn hätte ich keine guten Chancen gehabt. Als ich fertig war mit meiner Rede, begann ich sicherheitshalber gleich noch einmal von vorn und wiederholte mit dem gleichen Engagement die eigenen Worte.

Der Mann stand starr und fast regungslos vor mir, er ruderte noch etwas mit den Händen, schwieg, schaute mir leicht verwirrt in die Augen, drehte sich schließlich um und sagte etwas leise: „Bitte". Kopfschüttelnd ging er nun zu seinem Auto, verschwand darin und setzte seine Fahrt fort. Er war von meiner Reaktion überrascht. Möglicherweise war er nicht darauf vorbereitet, dass ich mich bei ihm *bedanken* werde. Doch was wäre passiert, hätten wir uns gegenseitig die Schuld für die Situation zugeschoben? Was nützt mir selbst heute noch die Illusion, dass ich im Recht war?

Ehefrau mit Fehlern

Ein Kursteilnehmer (von DALE CARNEGIE) erzählte einmal, wie seine Frau, die mit einer Gruppe anderer Frauen an einem Selbstverbesserungsprogramm arbeitete, mit der Bitte an ihn herantrat, ihr sechs Dinge zu nennen, die er an ihr gerne geändert hätte, damit sie ihm in Zukunft eine bessere Lebensgefährtin sein könnte. „Ihre Bitte überraschte mich", berichtete der Mann. „Es wäre mir, ehrlich gesagt, nicht schwergefallen, sechs Dinge aufzuzählen, die ich an ihr gern anders hätte – aber, du lieber Himmel, sie hätte an mir tausend Dinge kritisieren können. Also sagte ich nichts und bat nur: „Lass mich darüber nachdenken, ich gebe dir die Antwort morgen."

Am anderen Tag stand ich etwas früher auf, ging beim Blumenhändler vorbei und bat ihn, meiner Frau sechs Rosen zu schicken. Dazu legte ich eine Karte: „Mir fallen keine sechs Dinge ein, die ich an Dir anders haben möchte. Ich liebe Dich so, wie Du bist." Wer erwartete mich an der Tür, als ich am Abend nach Hause kam? Richtig: meine Frau. Sie hatte fast Tränen in den Augen. Unnötig zu sagen, wie glücklich ich war, dass ich sie nicht kritisiert hatte, wie sie es wünschte.

Am anderen Sonntag nach der Kirche kamen mehrere Frauen, die am gleichen Kurs teilnahmen und denen sie inzwischen von meiner Antwort erzählt hatte, auf mich zu und erklärten: „Das war das Taktvollste, was wir je gehört haben." An diesem Beispiel ist mir bewusst geworden, welche Macht Anerkennung besitzt." *(Aus: „Warum wir andere in die Pfanne hauen" Autorin: Vera F. Birkenbihl © 1992, mvg-verlag, Landsberg am Lech)*

Die Tauchübung

Ein Freund erzählte mir die folgende Geschichte: Seine Familie verbrachte ein Wochenende gemeinsam am nahe gelegenen See, um sich dort zu erholen. Die dreijährige Tochter konnte zu diesem Zeitpunkt noch nicht schwimmen, tummelte sich die meiste Zeit am Ufer und auf ihrer Luftmatratze. Sie war für den Notfall bestens ausgestattet mit Schwimmärmchen, Schwimmreifen und ähnlichen Utensilien, die ein „Untergehen" unmöglich machen sollen. Wie es der Zufall will, geschah es dennoch im Spiel mit den größeren Geschwistern, dass die Kleine von der Matratze fiel, unter sich keinen Boden spürte und mit dem Kopf völlig überraschend kurze Zeit unter Wasser war. Sie können sich den Schreck des Mädchens sicher gut vorstellen (und den der Eltern auch). Zwar hat eine wirkliche Gefahr nicht bestanden (aber was ist schon wirklich?). Sie hatte sich nicht verschluckt, sie hustete nicht. Reflektorisch hat ihr Körper genau das Richtige getan, jedoch war sie so erschrocken, dass sie nun ausreichend Sauerstoff zum Schreien brauchte. In diesem Moment sah sie ihren Vater für Sekunden hilfesuchend an, doch der sagte überraschend: „Sag mal, ich wusste gar nicht, dass du schon so gut *tauchen* kannst. Das war große Klasse. Sehr schön. Der beste Weg, um Schwimmen zu lernen. Wenn du möchtest, können wir das in Zukunft natürlich öfter gemeinsam üben!" Bitte stellen Sie sich dazu eine völlig begeisterte Stimmlage vor, die mit entsprechender Lautstärke, Mimik und sicherem Blick das Gesagte vermittelt. Die Kleine schaute recht irritiert ihren Papa an, der nahm sie in die Arme und wurde des Lobes nicht satt. Sie hörte auf mit der „Schnappatmung" und beruhigte sich sehr rasch. Der Vater hat den kleinen Unfall zu einem Tauchversuch erklärt. Das konnte das Mädchen offensichtlich gut annehmen. Er hat die Angelegenheit *nicht* bagatellisiert. Er hat aus einer Krise eine Chance gemacht, die Situation in eine andere Möglichkeit der Interpretation gelenkt und in diesem Moment Wirklichkeit geschaffen. Er hat den Prozeß einer „klaren" Folge auf eine „klare" Ursache im Sinne entwicklungsfördernder Impulse gut „durcheinander" gebracht.

Diese Beispiele zeigen nicht nur die Gemeinsamkeit, dass Kreativität in menschlichen Beziehungen sinnvoll sein kann, sondern auch die Einzigartigkeit der Ideen. Passt das nicht gut zu uns Menschen? Sind wir nicht auch einzigartig. Ernüchternd, dass es keine Rezepte gibt. Umgeben Sie sich zukünftig mit solchen Geschichten und beobachten Sie einmal, wie Ihre *Wahr*nehmung ihr Leben *wahr*haft bereichern kann.

Teil 3
Die Anwendungen

Schlussfolgerungen und Checklisten

6.1. Schlussfolgerungen für Ihre Gesprächs- und Verhandlungsführung

- Verhandeln Sie konsequent in der Sache und anpassungsfähig in der Beziehung zum Verhandlungspartner.
- Prüfen Sie Ihre Umgangsformen und Ihren Redestil. Machen Sie es anderen leicht, mit Ihnen zu kommunizieren.
- Je mehr Sie auf Ihrem Standpunkt beharren, um so stärker ermuntern Sie dasselbe Verhalten auf der anderen Seite.
- Überzeugen können Sie einen Menschen effizient unter Berücksichtigung seiner Denkweise, seiner Logik, seiner bevorzugten Wortwahl. Glauben Sie bitte nicht: Was mich motiviert, motiviert auch andere. Wir schließen viel zu früh von uns auf andere Menschen.
- Fallen Sie Ihrem Gesprächspartner nicht ins Wort. Egal was Sie sagen, der Umstand selbst kann schon einen Angriff bedeuten. So mobilisieren Sie nur Widerstände.
- Begeben Sie sich im Falle einer Eskalation bewusst in die Position des Unterlegenen. Auf diese Weise gewinnen Sie zumindest die Kontrolle über die Situation. Das können nur wenige Menschen.
- Merken Sie sich den Namen Ihres Gesprächspartners und sprechen Sie ihn ab und zu damit an. Dies schafft Nähe und personifiziert die Inhalte. Außerdem gefällt es anderen Menschen, wenn man sich an sie erinnert.
- Sie können im Konflikt eine bewusste De-Eskalation einleiten, indem Sie sich (z.B. für Ihre Wortwahl) entschuldigen. So manche Gesprächspartner erwidern darauf: „Nun, ich war auch nicht viel besser."

- Belehren Sie nur im äußersten Notfall – das erinnert an Schule und wirkt pädagogisierend.
- Bemühen Sie sich regelmäßig um die Position des Schlichters. Klären Sie Missverständnisse auf, überprüfen Sie Aussagen.
- Finden Sie trotz Mühe und mehrfacher Versuche keinen Eingang zum anderen, werden Sie ihn auch nicht überzeugen. Akzeptieren Sie es, wie es ist und schalten Sie nun nicht auf „Kampfmanöver". So mancher hat es schließlich aufgegeben und gerade deshalb kam seine Gesprächsführung voran. Lassen Sie den eigenen Druck heraus, wird der Gegendruck beim Gesprächspartner zunehmend unnötig.
- Vielleicht bemerken Sie nicht, dass Sie dazu neigen, andere Menschen zu missionieren, zu bekehren oder überreden zu wollen. Damit nehmen Sie ihnen die Verantwortung, das eigene Nachdenken und schließlich erzeugen Sie (meist ungewollt) Gleichgültigkeit.
- Versprechen Sie nichts, was Sie nicht halten können und drohen Sie nichts an, was Sie nicht durchsetzen können (oder wollen). Beides macht Sie unglaubwürdig. Wer droht, bringt sich eher in die Defensive, da er klar zum Ausdruck bringt, dass er lieber mit Worten als mit Taten ... (Kinder „wissen", dass Eltern ihre Drohungen zu ca. 94 % nicht durchsetzen werden.) So werden Sie zum Papiertiger.
- Suchen Sie Übereinstimmungen und heben Sie diese ausreichend hervor. Verhandlungserfolg entsteht durch die Verbreiterung inhaltlicher wie persönlicher Interessen. Interessen kann man teilen.
- Werben Sie für die eigenen Auffassungen um Verständnis, stülpen Sie diese dem anderen nicht über. Ihr Gesprächspartner muss „die Welt" nicht so sehen wie Sie. Wir haben es in unserer Erziehung oft nicht gelernt, die Sichtweisen, Meinungen und Gefühle anderer Menschen zu respektieren. Sie haben ein

Recht auf ihre Art, die Dinge zu betrachten und zu interpretieren.

- Haben Sie keine Angst vor der Ablehnung Ihrer Ideen und Vorschläge. Versuchen Sie lieber, den anderen einzuladen, Sie zu widerlegen. Damit nehmen Sie ihm schon den Widerstand.

... und bist du nicht willig, so brauch' ich GEDULD!

- Überlegen Sie immer sehr genau: Wie heißt das Problem und wer hat es? Geht es um Inhalte oder Macht, geht es um Selbstdarstellung oder Lösungen, um Mitteilen oder Überzeugen? Suchen Sie nach alternativen Interpretationen des Problems! Lässt es sich umdeuten in etwas Vorteilhaftes, Positives, Voranbringendes? Das Gleiche gilt für das *Verhalten* des Verhandlungspartners.
- Trennen Sie zwischen der Absicht und dem Verhalten einer Person. Meist lässt sich einem negativen Verhalten eine positive Absicht unterstellen.
- Bringen Sie Ihre Bewertungen und Lösungen nicht zu früh in die Verhandlung ein. Erfragen Sie erst die Sicht der anderen Seite auf den Verhandlungsgegenstand, bevor Sie zu argumentieren beginnen. Viele unserer Argumente kommen deutlich zu früh im Gespräch. Führen Sie das Gespräch mehr mit Fragen als mit Sagen.
- Arbeiten Sie immer zum beidseitigen Vorteil. Ein Verhandlungserfolg, den Ihnen die andere Seite übel nimmt, nützt Ihnen langfristig nichts. Sie mobilisieren die Gegenwehr.
- Bevor Sie „reagieren", vergewissern Sie sich zunächst, ob Sie wirklich verstanden haben, was der andere gesagt UND gemeint hat.

- Thematisieren Sie Selbstverständlichkeiten. Was Ihnen völlig klar ist, hört Ihr Partner vielleicht heute das erste Mal. Wir neigen dazu, (für uns) Selbstverständliches nicht (genauer) zu erklären.
- Versuchen Sie, das Selbstwertgefühl Ihres Gegenüber zu achten bzw. zu erhöhen. Tun Sie dies immer ehrlich und nicht aufgesetzt. Praktizieren Sie es nicht als Technik, sondern als Haltung anderen Menschen gegenüber. Wofür sind Sie der erste, der etwas Besonderes beim anderen erkennt. Menschen haben ein grundlegendes Bedürfnis nach Beachtung und Wertschätzung.
- Das Lernen aus Kritik macht uns stark, nicht schwach!
- Wo kann Schwäche Stärke bedeuten? Bitten Sie z.B. andere Menschen um Unterstützung und Hilfe – dies versetzt sie in eine Position des Gebens und der Stärke.
- Wir sollten Leute nicht abdrängen, nicht in die Enge treiben, sondern eher für uns einnehmen. Finden Sie heraus, was diese Menschen wollen. Können Sie ihnen davon etwas geben? Auf diese Weise steigt die Bereitschaft unserer Mitmenschen, *uns* zu unterstützen. Viele von uns suchen nach Achtung, sind jedoch unfähig, anderen Menschen (mehr) Achtung entgegenzubringen. Das Geben geht dem Nehmen voraus.
- Streiten Sie nicht mit dem Verhandlungspartner. Überzeugen Sie ihn nicht vom Gegenteil, wenn er Einwände äußert. Widerspruch führt nur dazu, daß er seine Position verteidigen wird. Zustimmung nimmt ihm die „Kampflust".
- Wischen Sie nie die Bedenken oder Gegenargumente der anderen Seite vom Tisch. Im Gegenteil: Gehen Sie darauf angemessen ein, dies schafft Kooperation.
- Seien Sie nicht zu clever, zu schlau, zu überlegen. Es erzeugt sofort Rivalität. So hilft Ihnen kein Mensch.

Geben Sie den Leuten, mit denen Sie Verhandlungen führen das Gefühl, für sie keine Bedrohung oder Konkurrenz darzustellen. Eine Regel in der Rhetorik heißt: Allzu perfekt wirkt abstoßend; Wer möchte mit solchen Leuten schon zu tun haben?

- Sorgen Sie jederzeit für eine kooperative Atmosphäre im Gespräch. Wird sie verletzt, ist nichts dringender, als sie wieder herzustellen. Beziehungsstörungen haben immer Vorrang, da sie mehr oder weniger Inhalte „fressen". Stellen Sie sich das bitte vor wie Viren, welche die Festplatte Ihres Computers angreifen. Was nützt Ihnen die Hardware, wenn Sie keinen Zugriff darauf haben?

- Pokern Sie um Geld? Pokern Sie niemals um die Macht!

- Lassen Sie sich durch Kleinigkeiten nicht aus der Bahn werfen. Schauen Sie über die Schwächen anderer einmal hinweg. Behalten Sie Ihr Ziel im Auge. Menschen stolpern nicht über Felsbrocken, sondern über Kieselsteine.

6.2. Schlussfolgerungen für den sicheren Umgang mit Ihren Kunden

Was verkaufen Sie eigentlich?

Produkte? Dienstleistungen?
Noch.
Wieso?
Weil diese immer vergleichbarer werden, weil sie (fast) jeder kopieren kann und weil der Beginn des Dritten Jahrtausends durch das Ende der Knappheit an Waren, Dienstleistungen und Geldern gekennzeichnet ist.
Deswegen!
Und was sollen wir nun tun?
Umdenken! Schließlich leben wir im Informationszeitalter, d.h. Information wird zur Ware. Das ist jedoch noch nicht alles. **Auch Verhalten wird zur Ware (wer handelt, der handelt), auch Kommunikation und sogar Freude.**
Es ist kein Geheimnis mehr: Verkaufen wird immer schwieriger, wenn unsere Angebote vergleichbar sind. Sehr schnell entwickeln sich sehr viele Wettbewerber.
Das Marktgeschehen entwickelt eine Eigendynamik, die manche von uns nur noch staunen lässt. Alle 20 Minuten meldet in Deutschland eine Firma den Konkurs an. Das macht nicht gerade Mut.

Und dennoch gibt es Unternehmen, die damit wenig Probleme haben. Im Gegenteil – sie entwickeln sich in schwierigen wirtschaftlichen Zeiten recht gut. Woran liegt das?
Natürlich gibt es auf eine solche Frage viele Antworten. Doch eine scheint mir besonders wichtig und interessant: diese Firmen meistern den Weg hinaus aus der Vergleichbarkeit gegenüber dem Wettbewerb. Das ist heute mit Produkten oder Dienst-

leistungen nur noch sehr begrenzt möglich. Es sei denn, **Sie definieren Ihre Angebote neu.**

Welche sind die wirklichen Bedürfnisse und Wünsche Ihrer Kunden? Wenn Sie über das reine Produktdenken hinaus gehen, ergeben sich völlig neue Möglichkeiten. Wie steht es z.B. mit der Freundlichkeit? Ich meine nicht die im Verkaufsseminar gelernte, aufgesetzte, schablonenhafte Lächelkolonne, sondern den Wunsch, dem Kunden ein angenehmer Gesprächspartner zu sein. Dann ist Freundlichkeit auch keine antrainierte Technik mehr, sondern eine *Haltung*, die Sie entwickeln können. Geht es Ihnen wirklich um den Kunden oder geht es Ihnen mehr um Ihren Abschluss? Nehmen Sie dem Kunden Wege ab? Ersparen Sie ihm unangenehme Wartezeiten? Kann der Kunde Ihnen vertrauen und sich auf Sie verlassen? Halten Sie Zusagen ein? Liefern Sie pünktlich? Achten Sie die Persönlichkeit des Kunden? Hören Sie ihm ganz genau zu? Hat er Freude an einer Unterhaltung mit Ihnen?

> Ihre Beziehung zu (potenziellen) Kunden wird zunehmend das Überleben des Unternehmens mitbestimmen. Kommunikation entscheidet im Wettbewerb.

Geschäftlicher Erfolg hängt in gleicher Weise von der Qualität Ihrer Waren und Dienste ab, wie von der Qualität Ihrer menschlichen Beziehungen. **Wir treten heute nicht mehr nur über die Qualität unserer Angebote in den Wettbewerb, sondern auch über die Professionalität unserer menschlichen Beziehungen.**
Sie werden praktisch zum Informations- und Beziehungsmanager. Wie können Sie den Kunden nicht nur zufrieden stellen, sondern sogar begeistern? Was können Sie über das eigentliche „Verkaufen" noch für ihn tun? Wie einzigartig nimmt der Kunde Sie wahr? Sind Sie für ihn unverwechselbar? Sind Sie tatsächlich hilfreich? Kennen Sie seine Interessen? Wissen Sie, wann sein Geburtstag ist? Macht Ihr Kunde selbst gute Geschäfte mit Ihrer Unterstützung? Was passiert nach dem Kauf? Haben Sie eine Beziehung zueinander oder ist diese mit

der Begleichung der Rechnung beendet? Wie redet der Kunde mit Dritten über Sie? Kann er sich an Ihr Unternehmen erinnern?

Würde er Sie empfehlen? *Wird* er Sie empfehlen?

In Zeiten der Informationsüberflutung wird die Empfehlung immer wichtiger gegenüber herkömmlicher klassischer Werbung (z.B. dem Anzeigen-Friedhof).

WAS MACHT SIE EMPFEHLENSWERT? Hier einige Denkanstöße:

- Sorgen Sie neben der Neukundengewinnung auch für die systematische Kundenbetreuung. Empfehlungs- und Beziehungsmarketing werden zukünftig an Bedeutung gewinnen.
- Fragen Sie sich, wie Sie Kunden im täglichen Leben unterstützen können. Wann haben Sie sich z.B. das letzte Mal absichtslos mit einem Kunden zusammengesetzt?
- Ermuntern Sie das Aussprechen von Unzufriedenheit bei Ihren Kunden. Billiger kann „Unternehmensberatung" nicht sein. Werten Sie Reklamationen und Kritik äußerst sorgfältig aus!
- Entwickeln Sie persönliche Beziehungen zu Kunden, die durch Ehrlichkeit, Vertrauen und Wertschätzung gekennzeichnet sind und systematisieren Sie Ihre (lebens-) wichtigen Kontakte.
- Respektieren Sie die Persönlichkeit Ihrer Geschäftspartner. Betrachten Sie jeden Menschen individuell und nicht als Teil einer Masse oder Statistik.
- Schenken Sie dem Kunden gleichbleibende Aufmerksamkeit und Achtung. Aufmerksamkeit ist heute eines der größten Geschenke, das Sie jemandem noch machen können. Und das bitte nicht nur bis zum Kauf-Abschluss, sondern darüber hinaus. Der Kauf ist der Beginn einer Beziehung, nicht das Ende.

- Konzentrieren Sie sich auf Menschen und nicht auf Produkte. Welche Bedürfnisse welcher Zielgruppe(n) bzw. Zielperson(en) wollen Sie befriedigen?
- Wie reden Sie im Beisein Ihrer Kunden über andere Menschen. Dies zeigt ihnen, welche Kommentare sie über sich zu erwarten haben.
- Ziehen Sie alles in Betracht, was den Erfolg *Ihrer Kunden* steigern könnte und beraten Sie es gemeinsam im Team. Kundenerfolg schafft erst Ihren Unternehmenserfolg.
- Viele Unternehmen teilen Ihre Kunden in verschiedene Umsatz-Kategorien ein. Sortieren Sie Ihre Kunden nicht nach Umsätzen aus der Vergangenheit, sondern nach Potenzialen in der Zukunft.
- Versorgen Sie Ihre Kunden regelmäßig mit für sie bedeutsamen und interessanten Informationen, die über eine Selbstdarstellung Ihrer Person oder Firma hinausgehen.
- Suchen Sie selbst als Kunde Marktführer Ihrer Branche auf und werten Sie Ihre Erfahrungen gezielt aus. Was können Sie daraus ableiten oder lernen?
- Entwickeln Sie einen angenehmen Kommunikations-Stil und werden Sie sensibel für die Gefühle Ihrer Mitmenschen.
- Schaffen Sie persönliche wie technische Netzwerke mit Ihren Kunden, z.B. durch einen (elektronischen) Informations-Service.
- Führen Sie Veranstaltungen für oder gemeinsam mit Ihren Geschäftspartnern durch.
- Entwickeln Sie gemeinsam *mit* Ihren Kunden neue Ideen oder Angebote.
- Das Wort „Kunde" in dessen Gegenwart wirkt unhöflich, besser sind „(Geschäfts-)Partner".

Bitte bedenken Sie, dass es oft ein *Mangel an Aufmerksamkeit* ist, mit dem wir unsere Kunden zu den Wettbewerbern „schicken". Der Kunde hat die Wahl – und SIE AUCH!

Formulierungen, die Ihren Kunden (nicht nur) im Reklamationsfall zeigen, dass Ihr Unternehmen partnerschaftlich und serviceorientiert arbeitet:

Das kann ich verstehen.
Bitte sprechen Sie weiter.
Darf ich zusammenfassen?
Kann ich davon ausgehen, ...?
Dafür gibt es verschiedene Erklärungen (Ursachen bzw. Möglichkeiten (geeignet zur Eingrenzung eines Fehlers am Gesprächsanfang).
Habe ich Sie richtig verstanden, ...?
Wie sind Ihre Vorstellungen dazu?
Ich werde mich sofort darum kümmern.
Ich werde mich selbst darum kümmern.
Wie genau äußert sich das Problem?
Mir ist daran gelegen, Ihnen schnellstmöglich zu helfen.
Mir ist daran gelegen, Ihnen bestmöglich zu helfen.
Darf ich noch einmal nachfragen,...?
Wann könnte ich bei Ihnen vorbeikommen?
Wie (genau) kann ich Ihnen helfen?
Wie sind Sie (dabei) vorgegangen?
Welche sind Ihre Erwartungen?
Gehen wir die Sache noch einmal (gemeinsam) durch.
Bitte teilen Sie mir mit, was geschehen ist.
Ich kann Ihren Frust verstehen.
Welchen Fehler konnten Sie feststellen?

> Kann die Qualität Ihrer Kundenbeziehungen mithalten mit der Qualität Ihrer Waren und Dienstleistungen?

Ist Ihnen der Fehler schon zu einem früheren Zeitpunkt aufgefallen?
Um Ihnen sofort zu helfen, brauche ich bitte noch die folgenden Angaben...

Könnten Sie mir Ihre Meinung zur Situation noch etwas genauer schildern?

Sind meine Ausführungen verständlich? Wenn nicht, bitte sagen Sie es.

Das klingt vielleicht kompliziert, jedoch ...

Ich melde mich umgehend bei Ihnen.

Können wir beide gemeinsam davon ausgehen, dass ...

Wir sind bemüht, die Frage umgehend zu klären.

Um das Angebot für Sie genauer zuzuschneiden, benötige ich bitte noch die folgenden Angaben...

Wenn ich Ihre Ausführungen noch einmal zusammenfassen darf ...?

..., habe ich das Problem so richtig verstanden?

Das sehe ich auch so wie Sie.

Habe ich den Vorschlag korrekt erklärt?

An Ihrer Stelle wäre ich sicher auch sauer.

Wie kann ich Ihnen weiterhelfen?

Könnten Sie sich diese Lösung vorstellen, ...?

Würde es Ihnen zunächst weiterhelfen, wenn ...?

Erachten Sie diesen Vorschlag als denkbar?

Ich würde es mir gern vor Ort ansehen, um mir ein klares Bild zu machen.

> Managen Sie nicht nur Ihre Produkte und Dienstleistungen, sondern auch Ihre KUNDEN.

Ich müsste es mir vor Ort ansehen, um weiter zu entscheiden.

Darf ich Ihnen folgende Vorschläge anbieten ...?

Folgende Lösung sollte das Problem beheben: ...

Was sollte Ihrer Meinung nach jetzt passieren?

Bitte entschuldigen Sie die Unannehmlichkeiten.

Ich werde es sofort prüfen und gebe Ihnen Bescheid.

Das habe ich verstanden. Das kann ich gut verstehen. Das ist verständlich.

Ist es richtig, dass ...?

Wodurch wurden Sie darauf aufmerksam?

Das ist wirklich ärgerlich.

Ich bin mir sicher, wir bekommen das in den Griff.

> Leisten Sie vor der Klärung der Reklamation
> zunächst eine emotionale Wiedergutmachung
> für den Ärger, den Ihr Kunde hatte.

Solche Formulierungen vermitteln Akzeptanz und Interesse gegenüber dem Kunden. Nicht immer sind wir in der Lage, das Problem sofort zu lösen. Wenn der Kunde unser *Bemühen* spürt, angemessen auf ihn einzugehen, haben wir bereits eine wichtige Ware verkauft: **VERTRAUEN**. Dies erhöht die Wahrscheinlichkeit, dass nicht das Produkt zurück kommt, sondern der Kunde. Sie investieren in **KUNDEN-BINDUNG**.

> Der heutige Unternehmenserfolg wird bei
> zunehmender Vergleichbarkeit der Angebote
> durch psychologische Faktoren entschieden.
> Verhalten wird Ware: Wer handelt, der handelt.

6.3. Schlussfolgerungen für die zeitgemäße Führung von Mitarbeitern

Eine gut geführte Firma/Abteilung muss auch dann reibungslos funktionieren, wenn der Chef da ist.

August Breil

Sind Sie kreativ? Wie wollen Sie eine solche überlebenswichtige Eigenschaft in Ihren Mitarbeitern fördern, wenn sie nicht Teil Ihrer eigenen Person ist?

Was die Mitarbeiter in Ihrem Hause an positivem Umgang nicht beobachten und lernen können, das werden sie auch im Kundendienst nicht täglich praktizieren. Sie sollten Ihren Mitarbeitern nicht im „Angriffston" vermitteln, dass diese gegenüber den Kunden einen angemessenen Ton anschlagen müssen!

Ein wichtiger Schritt zur Erfolgssteigerung Ihrer Mitarbeiter führt nicht über ständige organisatorische Veränderungen oder immer wieder neue Managementtheorien, sondern über die Entkrampfung des Verhältnisses zwischen Vorgesetzten und Mitarbeitern und der Förderung einer tragfähigen Zusammenarbeit.

Es wäre sicher interessant zu erfahren, wie viel Motivation und Engagement durch Intrigen am Arbeitsplatz, Mobbing oder Bossing verloren gehen, wie viele Fehlzeiten und ernsthafte Erkrankungen auf das Konto von Arbeitsunzufriedenheit gehen, die sich ergeben aus schwierigen, anstrengenden Beziehungen zu Kollegen oder zu den Vorgesetzten. Der Geist des Hauses bestimmt das Betriebsklima erheblich. Nicht das lobende Wort, die konstruktive Kritik oder die Zeit für hilfreiche Dialoge treiben die Kosten in die Höhe und führen zu Qualitätseinbrüchen, sondern vielmehr Frust, Gleichgültigkeit und das Arbeiten nach Vorschrift und Anweisung. Hier einige Tipps:

- Erarbeiten Sie ein für alle an einem Projekt beteiligten Mitarbeiter gemeinsames Ziel. Je faszinierender es ist, um so besser. Ist das Ziel unklar, leiden auch die Motivation und das Verhalten darunter. Ziele sollten Sie vielmehr vereinbaren statt sie vorzugeben oder anzuordnen. Genauso wenig, wie man Vertrauen herbeireden kann, entwickelt sich auch das persönliche Engagement der Mitarbeiter nicht auf Knopfdruck und schon gar nicht auf Anweisung.
- Vereinbaren Sie unkomplizierte Informationswege und halten Sie sich frei von geheimniskrämerischer Abschottung.
- Betrachten Sie Ihre Mitarbeiter ebenfalls als Kunden.
- Fördern Sie informelle Kommunikation, so können sich Mitarbeiter unkompliziert verständigen und gegenseitig aus Fehlern lernen.
- Entwickeln Sie Lernfreude und thematisieren Sie Fehler in einer Weise, die andere nicht verletzt. Bei einem Fehler fehlt ja schließlich etwas. Was könnte das sein?
- Hören Sie gut auf Widersacher bzw. neue Mitarbeiter, die noch nicht betriebsblind sind. Ihnen fallen Dinge auf, die Sie schon lange nicht mehr sehen oder wahrhaben wollen.
- Bemühen Sie sich als Chef um Weiterbildungen zum Thema Kommunikation, Gruppendynamik, Gesprächsführung. Sie sollten wissen, wie die „Spiele" der Erwachsenen funktionieren und wie man der Zusammenarbeit abträgliche Tendenzen neutralisiert oder stoppt.
- Beachten Sie das Macht-Paradox: Je mehr Macht Sie teilen, um so mehr haben Sie. Das ist wie in der Liebe: sie vermehrt sich, sobald wir sie mit Menschen teilen. Ihre Autorität nimmt eher Schaden, wenn Sie die Mitarbeiter in wichtige Entscheidungen *nicht* einbeziehen.

- Sorgen Sie für Möglichkeiten, bei denen Sie mit Ihren Mitarbeitern deren Arbeitsprobleme besprechen können. Werten Sie die Probleme anderer Menschen nie ab.
- Ermuntern Sie Rückmeldungen und Rückfragen, auch wenn sie Ihnen unangenehm sind.
- Motivation hat viel mit Anerkennung und Wertschätzung der Leistungen Ihrer Mitarbeiter zu tun. Beseitigen Sie das allgemein verbreitete „Anerkennungs-Defizit".
- Geben Sie keine negativen Anweisungen. Sie führen genau zu dem, was Sie *nicht* wollen.
- Delegieren Sie nicht nur Aufgaben, sondern auch die entsprechende Verantwortung. Nur eines von beiden zu übergeben, funktioniert nicht. Fordern Sie Ihre Mitarbeiter, das heißt, sie zu achten.
- Beschreiben Sie sich nicht in (abstrakten) Funktionen, sondern in (konkreten, für alle nachvollziehbaren) Tätigkeiten. So mache Positionsbezeichnungen dienen wohl eher dem Machterhalt als der Zusammenarbeit und stammen noch aus dem Kriegsvokabular.
- Sorgen Sie neben Ihren materiellen Erfolgen bitte auch für ein inspirierendes Umfeld. Entwickeln Sie Leitbilder und Visionen, in einem solchen Klima ermuntern Sie neue Ideen Ihrer Mitarbeiter.
- Finden Sie Situationen, in denen sich Ihre Mitarbeiter einigen müssen. So entwickeln sich zunehmend Konflikt- und Kompromissfähigkeit. Diese Vorgehensweise lässt anfänglich so manchen schwelenden unausgesprochenen Konflikt ausbrechen. Eine Erstverschlimmerung ist nicht nur in der Homöopathie ein Zeichen für die richtige Maßnahme.
- Bitten Sie die Mitarbeiter um Hilfe bei der Lösung eines Problems. Mitarbeiter, wenn man sie lässt, können eine Menge Kreativität entwickeln. Ideenreichtum und Engagement sind nicht einfach Eigen-

schaften, die jemand hat oder nicht. Vielmehr benötigen sie ein Umfeld, in dem sie sich entwickeln können. Sorgen Sie dafür.

- Regeln der Zusammenarbeit werden nicht vorgegeben, sondern vereinbart. Zu viele Regeln „erschlagen" die Zusammenarbeit.
- Entwickeln Sie eine Streitkultur, denn der moderne Mitarbeiter möchte seine Konflikte weniger durch Machtmittel gelöst wissen. Die Konflikte werden nicht weniger. Wir müssen unsere *Fähigkeit*, Konflikte zu erkennen und zu lösen, erweitern. Gelingt dies nicht, werden aus Ihren „Mit"arbeitern „Gegen"arbeiter.
- Seien Sie interessiert und neugierig, so können Sie auch Wissensdurst und Lernfreude von Ihren Mitarbeitern erwarten.
- Denken Sie bitte nicht, Sie müssten Ihre Mitarbeiter permanent motivieren. Es reicht völlig aus, wenn Sie sie nicht demotivieren.

Wie sagte schon ABRAHAM H. MASLOW: Wenn Ihr einziges Werkzeug ein Hammer ist, ist es nicht erstaunlich, wie viele Dinge in Ihrer Umwelt plötzlich anfangen auszusehen, wie ein Nagel?

Wie kritisiere ich einen meiner Mitarbeiter?

Wir kennen die Situation recht gut: ein Mitarbeiter erledigt seine Aufgaben nicht bzw. nicht zu unserer Zufriedenheit. Was tun? Am besten vereinbaren wir einen Termin für ein **Kritikgespräch** mit ihm, wenn sein „Fehlverhalten" wiederholt Anlass dazu gibt.

Doch bitte bedenken Sie vorher folgende Punkte, denn ein solches Gespräch erfüllt nicht in jedem Falle seinen Zweck. In unserem Denken ist die Meinung oft tief verwurzelt, dass wir das Verhalten von Menschen über Kritik verbessern. Das ist oft *nicht* so. Warum?

Eine einfache Antwort entdecken wir, wenn wir Situationen erinnern, wo wir selbst kritisiert wurden. Zunächst stellten wir uns wahrscheinlich die Frage nach der Berechtigung dieser Kritik. Ist der andere überhaupt beRECHTigt, uns „etwas zu sagen", hat er ein Recht dazu. Was, wenn die Quelle inkompetent erscheint? Was, wenn derjenige selbst „genug Fehler macht"? Was, wenn seine Anweisungen viel zu ungenau sind? Waren Sie bereit, sich von einem solchen Chef kritisieren zu lassen? Wahrscheinlich haben Sie es über sich ergehen lassen, doch wirklich geändert hat es Ihr Verhalten nicht, oder?

Kritik ist also keineswegs nur von der Sache selbst abhängig, sondern auch von der Beziehung zum „Kritiker", auf deren Grundlage sie wahrgenommen wird; und die Beziehung entscheidet in Kommunikation maßgeblich darüber, ob jemand bereit ist, zuzuhören.

Deshalb beantworten Sie sich bitte die folgenden Fragen, die für die Beziehung zu Ihren Mitarbeitern sehr wichtig sind:

1. Kritisieren Sie aus fachlichen Gründen oder aus Statusgründen heraus?

2. Ist das Kommunikationsverhalten in der Firma/Abteilung eher einseitig oder vielmehr wechselseitig?

3. Besteht für die Mitarbeiter die ungestrafte Möglichkeit, Ihr Führungsverhalten zu bewerten?

4. Wissen Sie um Ihre persönliche Glaubwürdigkeit gegenüber „Ihren" Mitarbeitern?

5. Wann haben Sie selbst Kritik als hilfreich erlebt? In welchem Falle lehnten Sie diese innerlich ab?

Sind Sie noch bereit, weiterzulesen? Denn diese Fragen betreffen ja *Sie selbst!*

Wenn Sie nicht nur in fachlicher, sondern auch in menschlicher Hinsicht ein akzeptierter Gesprächspartner sind, dann wird Ihre Kritik ganz sicher diesen Mitarbeiter „erreichen". Wenn Sie anderen Menschen die Möglichkeit geben, sich selbst kritisieren *zu lassen*, dann werden Ihre Worte offener wahrgenommen.

Leben Sie wirklich das, was Sie von anderen Menschen verlangen? Mitarbeiter haben sehr sensible Antennen für die Diskrepanz zwischen Ihren Worten auf der einen Seite und Ihrem Verhalten auf der anderen.

Sind Sie für Ihre Mitarbeiter in den Punkten Ihrer Kritik wirklich ein Vorbild? Geben Sie also ein gutes Bild ab, das authentisch vor diesen Menschen steht. Sie wissen ja: ein Bild sagt mehr als tausend Worte.

Wenn dies nicht der Fall ist, wird Ihre Kritik als bloßes Mittel vermeintlicher Machtsicherung wahrgenommen. Sie verlieren an Glaubwürdigkeit und Einfluss.

Hier nun einige praktische Hinweise zum „Kritisieren":

- Bekräftigen Sie lieber positives Verhalten, als negatives zu sanktionieren. (Lob ist sehr viel mehr als die Abwesenheit von Kritik.)
- Es ist leichter, etwas Neues zu beginnen, als etwas Altes zu beenden.
- Auf dem Hintergrund der Achtung des Mitarbeiters wird dieser Ihre Worte eher akzeptieren. Trennen Sie deshalb zwischen Person und Verhalten.
- Vermeiden Sie Aussagen, die der Mitarbeiter als Angriff auffassen könnte. Das verhindert sowohl Zuhören als auch Kooperation.
- Führen Sie das Gespräch erst dann, wenn Sie in der Lage sind, Ihren Ärger in Worte zu fassen.
- Halten Sie Ihre eigene Bewertung des Problems zunächst zurück.
- Gehen Sie auf Verhalten ein, welches der Mitarbeiter auch tatsächlich beeinflussen und ändern kann.
- Suchen Sie nicht Schuldige, sondern finden Sie Lösungen.
- Reagieren Sie zeitnah, d.h. so schnell wie nötig.

- Üben Sie Kritik ausschließlich unter vier Augen. Sogar ein Lob „vor der Mannschaft" kann erniedrigend sein.
- Vereinbaren Sie gemeinsam konkrete Schritte zur Verbesserung der Situation.

Noch ein wichtiger Gedanke: Wenn wir andere Menschen kritisieren, dient dies oft dazu, den *eigenen* Selbstwert zu stabilisieren. Achten Sie bitte darauf, dass es wichtiger ist, etwas zum Besseren zu verändern, als Ihrem Ärger Luft zu machen. Letzteres ist verständlich, darf jedoch das Gespräch nicht dominieren.

Abschließend noch die Geschichte eines amerikanischen Großunternehmers. „Manche behaupten, es sei Henry Ford I gewesen, andere schieben sie dem Stahlmagnaten Andrew Carnegie zu. Egal.

Der Millionenschaden

Stellen Sie sich den Super-Boss eines großen Unternehmens vor. Ein neuer Manager hatte sich einen Fehler geleistet, der die Firma über eine Million Dollar kostete (die Geschichte geschah vor Jahrzehnten, heute entspräche diese Summe *einigen* Millionen Dollar)! Nun wird unser Manager zum großen Boss gerufen, um die leidige Angelegenheit zu besprechen. Er tritt ein und der Unternehmer bittet ihn, sich zu setzen. Er setzt sich auf die vorderste Stuhlkante (d.h., er nimmt die sogenannte Fluchthaltung ein) und sagt: „Ich nehme an, Sie wollen mich jetzt feuern?" Da antwortet der große Boss: ... (Bitte überlegen Sie kurz, was die Chefs Ihrer Vergangenheit mit Ihnen angestellt hätten, ehe Sie weiterlesen.)
Also der große Boss sagt: „Wieso sollte ich Sie jetzt rauswerfen, wo wir doch gerade eine Million Dollar in Ihre Ausbildung investiert haben!"
Auch dieser Konzernchef könnte ein Modell für Ihre Zukunft werden ... Denken Sie immer daran, ehe Sie kritisieren. Denn

diese Story lehrt uns etwas ganz Wichtiges: jeder Fehler enthält eine eingebaute Lehre. *(Aus: „Warum wir andere in die Pfanne hauen" Autorin: Vera F. Birkenbihl © 1992, mvg-verlag, Landsberg am Lech)*

Stichwortverzeichnis

Ablehnung 13ff, 30, 46f, 74f, 79
Abwehr 15, 48
Akzeptieren 14f
Argumente 74, 83, 88
Arroganz 16, 32f, 87f, 108
Aufmerksamkeit 79, 111

Beziehung 9, 42ff, 65ff, 87ff, 104ff, 108, 110ff, 119ff
Bewertung 14ff, 50ff, 106, 121

Denken 9ff, 21, 26f, 37ff, 58f, 61, 74f, 92
Denken, offenes 51ff
Distanz 12, 87
Drohung 106
Druck 48, 74, 84, 105

Entwicklung 33ff, 37f, 118
Erfahrung 12, 23f, 28, 34ff, 38, 62, 72

Fähigkeiten 7f
Führung 61, 116ff

Gesprächsführung 15, 52, 104ff
Gruppendynamik 46

Hilflosigkeit 16

Ich (Ego) 26, 32, 62f, 89
Information 71f, 78, 109, 117
Interessen 24f

Kommunikation 9, 35, 42ff, 53ff, 70ff, 90ff, 104ff, 112, 117
Konflikt 8f, 16, 58ff, 113f, 118f
Kooperation 8, 44, 47f, 108
Körpersprache 43, 79,
Kreativität 90ff, 116ff,
Kritik 12, 50f, 94, 100f, 111, 119ff
Kunde 12, 48, 81f, 109ff, 117

Lernen 35, 54f, 64, 107, 117,

Lob 45, 70, 121
Logik 10f
Lösung 90ff, 98, 95f, 121

Macht 76, 81, 88, 101, 107f, 118
Meinung 12, 16, 27f, 50ff, 80
Meinen, geschlossenes 51ff
Mitarbeiter 12, 61, 81, 116ff
motivieren 81ff, 104, 118ff

Namen 104

Paradoxie 75, 117
Polarisierung 15, 62, 74
Problem 9f, 12, 49f, 106
Projektion 29

Quantenphysik 21

Rechtfertigung 26, 89, 93
Recht haben 16, 26, 53, 63f, 80, 90f, 94f, 96, 100
Reklamation 113ff
Reptiliengehirn 48
Resonanz 75
Rhetorik 12f, 43, 70, 87, 108

Schwäche, als Stärke 87ff, 90, 104, 107
Selbstverständliches 35f, 72, 107
Selbstwertgefühl 16, 48, 87f, 90f, 107, 122
Sprache 24, 35, 37ff, 71f, 76, 91f, 93f, 98ff
Stimmung 24

Umdenken 9, 110
Umdeuten 93, 96f, 106
Ursache-Wirkung 10, 24, 58ff
Überzeugen 12, 53f, 80ff, 88f, 101ff, 104
Überzeugung 8, 43f, 64

Verantwortung 9, 36f, 46f, 51ff, 105, 118
Veränderung 8, 12, 43, 46, 86, 100f
Vergangenheit 15
Verhalten 30, 35f, 58, 61, 104

Verhandeln 48, 65ff, 87ff, 104ff
Verkaufen 81f, 109ff
Verstand 11, 26f, 62ff, 74
Vorurteile 25ff

Wahrnehmung 8, 20ff, 34ff, 58ff, 102
Weltbild 21, 26
Wertschätzung 70f, 86, 94ff, 111, 116ff
Widerstand 12, 84ff, 88f, 104, 106f
Wirklichkeit 21, 26, 38, 40, 62f, 96f, 101f
Worte 15, 37ff, 71f, 76, 91f, 93f, 98ff, 101f
wunder Punkt 13f, 17

Zeit 25
Ziel 117f
Zuhören, gelungenes 78ff, 106
Zuhören, misslungenes 70ff, 81, 84

Verzeichnis der Storys

Die neuen Briefkästen 31
Der Videorecorder 49
Ein Wort zur Kritik 50
16 x Stillen, und das täglich 54
Herrn Schuhmanns Schuhe 59
Ein gutes Vorbild 73
Sonne und Wind 86
Schwäche oder Stärke? 90
Eine besonders erfolgreiche Idee 90
Schmale Straße oder schmales Denken? 92
Das Missgeschick 93
Die Magie der Sprache 93
Der Pilot 94
Befehl ist Befehl, oder? 95
So eine Sch... 96
Die sanfte Kunst des Umdeutens 96
Eine weitere geniale Geschichte: 98
Kraft gegen Worte oder: Die Kraft der Worte 98
Ehefrau mit Fehlern 100
Die Tauchübung 101
Der Millionenschaden 122

Literaturverzeichnis

BIRKENBIHL, VERA F.: Warum wir andere in die Pfanne hauen, mvg-verlag im verlag moderne industrie, München/ Landsberg am Lech 1992

BIRKENBIHL, VERA F.: Der Vera F. Birkenbihl-Brief, monatlicher Beratungs- und Trainingsservice, Ausgabe März 2000, Aktuell Verlag im Olzog Verlag GmbH, München

DAWSON, ROGER: Die Geheimnisse des erfolgreichen Verhandelns, J.F.B. Bornhorst GmbH

DILTS, ROBERT B.: Die Magie der Sprache, Junfermann Verlag, Paderborn 2001

ENKELMANN, NIKOLAUS B.: Die Weisheit der Märchen als Quelle der Kraft, Hörkassette von: ENKELMANN Königstein; Institut für Rhetorik, Management und Zukunftsgestaltung

GAMPER, KARL: wu-wei Das Neue Handeln Millenniums-Trilogie I, Tiroler Repro Druck GmbH, Innsbruck 1999

GOLEMAN, DANIEL: Emotionale Intelligenz, Carl Hanser Verlag, München Wien 1995

JAMPOLSKY, GERALD G.: Lieben heißt die Angst verlieren, Oesch Verlag AG, Zürich 1987

JAMPOLSKY, GERALD G.: Verzeihen ist die größte Heilung, Deutsch von Manfred Miethe, Integral Verlag München 2000

MACIOSZEK, HEINZ-GEORG: Chruschtschows dritter Schuh, Ulysses GmbH, Hamburg 1995

PESESCHKIAN, NOSSRAT: Der Kaufmann und der Papagei, Fischer Taschenbuch Verlag GmbH, Frankfurt am Main 1979

RATTNER, JOSEF: Der schwierige Mitmensch: psychotherapeutische Erfahrungen zur Selbsterkenntnis, Menschenkenntnis und Charakterkunde, Fischer-Tachenbuch-Verlag, Frankfurt am Main 1990

ROBINSON, JAMES H.: Die Schule des Denkens, Verlag des Druckhauses Tempelhof, Berlin 1949

ROKEACH, MILTON: The Open and Closed Mind, Investigations into the nature of belief systems and personality systems, Basic Books, New York 1960

TRENKLE, BERNHARD: Das Ha-Handbuch der Psychotherapie. Witze – ganz im Ernst. Heidelberg, Carl-Auer-Systeme Verlag, 5. Auflage 2000

VON DER OSTEN, Dr. HENNING: Über die Welt und über Gott, Clausen & Bosse GmbH, Leck 1997

WATTS, ALAN W.: Der Lauf des Wassers – eine Einführung in den Taoismus, unter Mitarbeit von Al Chung-Iang Huang, Frankfurt (Main) Suhrkamp 1994

WATZLAWICK, PAUL; WEAKLAND, JOHN H.; FISCH, RICHARD: Lösungen, Verlag Hans Huber, Bern Stuttgart Toronto 1988

WATZLAWICK, PAUL: Wie wirklich ist die Wirklichkeit?, R. Piper & Co. Verlag, München 1976

Reyk-Peter Klett arbeitet als freier Dozent, Trainer und Berater seit 10 Jahren für die Wirtschaft und den Öffentlichen Dienst. Für seine Vorträge und Seminare wird er in ganz Deutschland engagiert. Der Arbeitsschwerpunkt liegt in der Verbindung von Kreativität, Verhandlungsgeschick und Persönlichkeitswachstum. Er lebt in Leipzig und ist Vater zweier Kinder.

Sie möchten Kontakt mit dem Autor herstellen,
eines seiner Seminare besuchen
oder selbst ein Seminar oder Vortrag
mit Reyk-Peter Klett organisieren?

www.effizienztrainer.de
reyk-peter-klett@effizienztrainer.de